성공을 꿈꾸는 당신을 위한
인스타그램 자존감 수업

발   행 | 2022년 07월 13일
저   자 | 문인경
펴낸이 | 이동윤
펴낸곳 | 도서출판 윤들닷컴
출판사등록 | 2017.06.01.(제2017-000017호)
주   소 | 부산광역시 해운대구 선수촌로 146-4, 101동 1202호
전   화 | 010-9288-6592
이메일 | orangeki@naver.com

ISBN 979-11-970318-7-8

www.yoondle.com

경단녀에서 15K 인플루언서까지

성공을 꿈꾸는 당신을 위한 인스타그램 자존감 수업

문인경 지음

아이를 돌보며 책을 쓰는 과정이 생각보다 쉽진 않았지만
주변 분들과 신랑이 많이 도와주어서 가능했습니다.

 또한, 책을 집필하는 시작과 끝을 함께 해주신 윤들닷컴 대표님께 감사드립니다.
봉준호 감독의 가장 개인적인 것이 가장 창의적이라는 말과 공을 뒤집으면 운이 된다는 두 가지 문장을 생각하면서 저의 노하우를 담았습니다.

이 책이 인스타그램을 시작하는 많은 분께 창의적인 콘텐츠를 만들고,
운이 따라와 성공하게 되는 바이블이 되기를 소망합니다.

그리고 옆에서 응원해준
봄봄님들에게도 감사의 말씀을 전합니다.

2022.07.07

CONTENTS

Part II. 팔로우를 부르는 계정운영법

01. 기억에 남는 프로필 세팅

02 콘텐츠 흥행공식

03 글 잘 쓰는 노하우

04 인스타 감성 사진 찍는 법

Part Ⅲ. 계정 성장의 꽃!! 릴스의 모든 것!!

06 릴스 아이디어 기획팀

Part Ⅳ. 자존감을 세워주는 인스타그램 삶

프롤로그

SEBOM

Check Point!!

△ 경단녀에서 15k 인플루언서가 되기까지

△ #공을뒤집으면운 #공들인만큼운은따라온다

△ #결핍이 #결과를만든다

1. 안정적인 삶보다는 내가 살고 싶은 삶을 택하다

필자가 지금 이렇게 성공을 꿈꾸는 인스타그램 노하우를 알려드리는 책을 쓰기까지는 우여곡절이 정말 많았습니다. 제 인스타그램 릴스1)를 보시는 수강생분들은 가끔 부모님께서 독특한 직업이셔서 그 영향을 받았거나 혹은 저자가 예술 관련 전공을 한 줄 아는 분이 계십니다.

학창시절엔 인문계 고등학교를 졸업하고 경영행정학부 졸업을 하고 회사생활을 시작했습니다. 부모님께서는 제가 대기업에 다니기를 원하셨고 저는 회사생활을 1년 정도 하다 돌연 사직서를 제출했습니다. 대기업의 답답한 조직 생활을 겪고 보니 '아… 이건 내가 바라는 길이 아니다'란 판단이 섰고, 직장인보단 외부로 활동하며 다양한 강의를 하면서 센스도 배우는 프리랜서 강사로 활동을 시작했습니다.

평범한 삶보다 심장이 뛰는 삶을 택했고 지금도 강의 전에 긴장되는 기분 좋은 긴장감에 중독되어서 17개의 자격증과 수료증을 취득해서 온라인 오프라인 전국 각지 강의를 나가고 유아 무용교육 기업 대표로 명지대 학술대회에도 참가했습니다.

---

1) 인스타그램에서 지원하는 15~30초 정도의 짧은 동영상

▲ 명지대 유아 무용 학술대회

2. 유년시절

저는 어머니의 영향으로 어릴 적부터 아기 돌보기를 굉장히 좋아
했습니다. 어머니가 사업을 시작하기 전 가정 어린이집을 운영하셨
는데 이웃분들의 아가들을 돌보고 놀아주면서 유아교육과를 진학하
고 싶다는 생각을 하였습니다.

부모님의 반대로 결국 행정학과를 택했지만, 개인사업자에서 법인
사업자까지 확장할 수 있었던 저만의 장점은 어린 시절 아이들과
놀아주면서 유아 수업을 많이 해 본 노하우로 어린아이부터 학생층
까지 다양한 연령층의 눈높이에서 수업할 수 있다는 것이었습니다.

14

이는 '바디멜로디'라는 유아 무용 콘텐츠개발 및 강사양성 전문 교육업체를 운영하는 초석이 되었습니다.

▲ 유아 필라테스 콘텐츠개발

3. 27살 첫 사업자등록을 시작으로 법인 대표가 되기까지

퇴사 후, 입사 전에 7년간 아르바이트로 했던 영유아 무용수업 콘텐츠로 개인사업을 시작하였습니다. 아이들의 눈높이에 맞는 음악과 안무를 만들어서 경력단절 여성들에게 교육한 다음 자격증을 발급하고 유치원 문화센터에 파견하며 장애 청소년과 저소득층 가정 수업까지 영역을 확장하였습니다. 창업아이디어 공모전 우수상과 소셜

벤처 육성사업에 선정되어 발달 장애 청소년의 재활 콘텐츠도 제작, 보급하며 무용과 출신이 아님에도 불구하고 무용과를 지도하고 명지대 무용 예술 심사위원으로 활동하게 됩니다.

▲ 바디멜로디 예능교육원 강사 교육과 자격증 발급

경력단절 여성들의 마음을 이해하고 교육하며 보유하고 있는 인적 풀을 활용하여 일자리를 찾아주는 일은 굉장히 보람되었습니다. 춤으로 행복한 아이들의 모습과 함께 수업하며 수익도 얻고 다시 직함과 소속감이 생겨 행복하다는 강사님들을 보며 사업은 점차 커져서 법인 사업으로 성장시킬 수 있었습니다

▲ 유아교육 전문 법인 바디멜로디

4. 입덧이 너무 심했던 임신
그리고 출산 후 코로나로 3년간 경력단절의 힘든 시기를 겪다

그렇게 사업에 매진하며 조금 늦은 결혼을 하게 되었고. 허니문 베이비가 생기면서 필드에서 뛰는 활동은 잠시 쉬게 되었습니다. 입덧이 상당히 심한 편이어서 일상적인 생활도 힘들었고 임신 동안 정말 우울하고 힘든 시기를 보냈습니다. 당시엔 입덧 약을 달고 살면서 출산 후 다시 일하고 싶단 생각이 제일 컸습니다. 일하고 싶은 만큼 육아 후 강의를 하러 나갔을 때 감이 떨어지진 않을까? 빨리 다이어트와 함께 복귀 준비를 해야겠다는 생각이 들었고 출산을 하자마자 70일 만에 다이어트를 마치고 이내 출산 이전의 몸 상태로 유아 무용수업을 나갔습니다.

이제 다시 활동을 하나 싶었지만, 코로나가 시작되면서 기존의 거래처에서 수업취소, 환불문의가 들어오기 시작했습니다. '곧 나아지겠지'하는 마음으로 사무실과 직원을 유지하며 버텼지만, 상황은 더욱 심각해져만 갔습니다. 대면으로 유아 수업을 하는 콘텐츠가 메인이었기에 더욱 타격은 컸습니다. 그리하여 사무실에 물품을 다 빼고 문을 닫고 직원 없이 운영하며 매출이 너무 줄자 폐업신청서까지 작성하게 되었습니다.

5. 코로나 덕분에 찾아온 인스타그램과의 인연

6개월 정도 계속되는 강의 취소/환불 전화를 받으면서 가내에서 꼼짝 못 하고 우울하게 있던 어느 날, 그 날도 핸드폰으로 사업하시던 지인의 인스타를 보던 중
'아! 인스타그램 운영은 돈이 드는 것도 아니고 그동안 콘텐츠 제작 경험이 많으니 잘 녹여내서 계정을 키워보자!'
는 생각이 들었습니다.

인스타그램 운영을 그동안은 취미로 일기장처럼 운영했다면 정말 사업적으로 제대로 시작해보자고 마음을 먹었고 9 to 6 출퇴근 하는 것처럼 계정운영 관련된 자료수집과 강의를 듣고 하루에 피드를 3개씩 올리며 계정을 키웠습니다. 강의를 들을 땐 잠들기 전 시간이 너무 아까워 강의를 켜놓고 잠들기 전까지 계속 반복해서 들었습니다.

어린 허브를 키우듯 게시물을 올리고 한 명씩 팔로워를 늘려가며 인스타를 키워나갔습니다. 인스타의 시작은 누구나 공평하게 0명의 팔로워로 시작합니다. 저 또한 그랬고요. 성공을 꿈꾸는 독자 여러분도 인스타그램을 통해 성공하고 싶으시다면 계정을 열고 첫 피드를 올리며 걸음을 내딛는 게 중요합니다. 초반에 꾸준히 공을 들이시면 꼭 운은 따라올 것이라고 확신합니다!

6. 인플루언서의 삶

그렇게 공을 들이고 6개월 정도 지나 개인 컨설팅 의뢰가 들어왔습니다. 육아하느라 시간이 없지만, 다시 일을 시작하고 싶다는 전직 프리랜서 또는 소소하게 공구를 해서 용돈을 벌어 가사에 보태고 싶다는 주부를 대상으로 강의를 시작하여 이후엔 큰 규모의 기업체 강의까지 인스타그램으로 새로운 분야의 강의를 하게 되었습니다.

인스타그램 계정은 10년 이상 운영한 바디멜로디 회사 홈페이지보다 파급력이 컸습니다. 코로나 전에는 계약을 성사시키기 위해 제안서를 제출하고 직접 찾아가서 명함을 주고 잘 부탁드린다는 미팅이 대부분이었다면 인스타그램 계정을 통해 강의의뢰는 사뭇 성격이 달랐습니다. 일단 인스타그램을 통해 나에 대해 많은 걸 이미 상대방이 알고 있어서 명함이 필요 없었습니다. 어떤 성격과 분위기의 강의인지 너무 잘 알고 계셨고 강의를 꼭 부탁하고 싶다고 말씀하시는 일이 많았습니다. 규격화된 강의 틀에 내가 맞춰서 콘텐츠를 제작하는 것이 아닌, 계정의 색을 살린 문새봄 자체가 콘텐츠의 메인으로 활용된 강의를 의뢰 하고 싶다는 제안이 많았습니다.

임신과 출산 코로나의 직격탄을 맞아 너덜너덜해진 저의 자존감은 인스타그램으로 위로받고 치유되었습니다. 그 어떤 플랫폼보다 사람, 한 개인이 빛나는 콘텐츠가 강력한 힘을 발휘하는 인스타그램!

 대기업에서 마케팅 비용을 아무리 쏟아 계정을 운영해도 인스타그램에서는 평범한 사람들이 공유하는 일상의 반짝이는 콘텐츠가 더 돋보이는 법입니다. 여러분도 저처럼 본인이 콘텐츠의 핵심이 되는, 빛나는 일상을 공들여 올리며 운을 부르는 성공 라이프를 가꾸시길 응원합니다!
 그럼 성공을 꿈꾸는 인스타그램 자존감 수업 차근차근 시작해봅시다

Part Ⅰ. 내가 인스타그램을 하는 이유

Every day
twinkle

01 퍼스널 브랜딩

#마이크로인플루언서 #일상이지만_보여주고싶은부분만

Check Point!!

△ 계정운영 목적 체크 - 인스타로 얻고 싶은 혜택

△ 명확한 타겟팅 - 친해지고 싶은 친구 그룹

△ 인친에게 어떻게 보이고 싶은지 설정하기

1. 퍼스널 브랜딩 나에게 접목하기

나노 인플루언서2)의 개념이 없을 때 브랜딩은 기업 단위에서 많이 사용하는 마케팅 수단이었습니다.

나노 사회가 되면서 소수의 취향과 가치관들을 공유하고 공감하면서 개개인의 영향력이 커지기 시작했습니다. 기업의 브랜딩이 아닌 개인에게 브랜딩을 한다고 하면 왠지 나와는 거리가 멀다고 느낄 것입니다. 쉽게 생각하면, SNS상에 나란 사람이 존재하는 것을 알리고 나를 기억하게 하는 과정 자체가 브랜딩입니다. 개인을 어필하는 일련의 과정에 전략적인 몇 가지 요소를 추가한다면 타인과 차별화되는 브랜딩이 가능합니다.

저의 계정 브랜딩 포인트를 꼽자면 1.컬러 2.말투 3.표정 이렇게 세 가지라고 말할 수 있습니다.

포인트 컬러로 보라, 노랑, 초록색을 사용하고 친근한 말투와 익살스러운 표정의 콘텐츠로 문새봄만의 색과 개성이 도드라지도록 공을 들였고, 많은 분이 제가 기획한 방향의 모습과 성격대로의 문새봄을 생각해주고 있습니다.

포인트 컬러를 정해서 콘텐츠를 제작하면 산토리니의 화이트/블루처럼 전체적인 색감이 주는 통일감이 생깁니다. 제 팔로워들은 보라색을 보면 제가 떠오른다며 저를 태그 하기도 합니다.

---

2) 500~10000명 사이의 팔로워를 보유한 인플루언서를 의미

두 번째 요소인 말투로는 퍼스널 브랜딩이 잘되어있는 셀럽들 특유의 멘트나 유행어가 대표적인 특유의 말투 예시가 될 것입니다. 백종원의 '참 쉽쥬?' 강형욱의 '반복적인 소리는 우리 강아지를 불안하게 해요'처럼 개인의 독특한 말투엔 그 사람의 고유한 개성이 드러납니다.

글을 쓰실 때 본인의 성향이 드러나는 문체를 반복적으로 사용해 보세요. 강아지와는 달리, 반복적인 소리는 인스타그램 친구들에게 어필이 잘 되어서 우리를 행복하게 한답니다.

표정 역시 예뻐 보이려는 어색한 치통 샷이나 보정이 잔뜩 되어있는 앱보다 자연스럽고 인간미 있는 다양한 표정이 좋습니다.

▲ 자연스러운 샷　　　▲ 치통 샷

2. 퍼스널 브랜딩을 통해 얻는 점

퍼스널 브랜딩을 하는 방법을 알았다면, 이렇게 잘 브랜딩 된 내 계정을 누구에게 알릴 것인가? 타겟을 설정해야 합니다. 성공을 꿈꾸는 여러분들은 어느 분야에서 성공하고 싶으시고 왜 성공을 하고 싶으신가요?

분야와 이유를 명확하게 할수록 타겟은 좁혀지고 명확해집니다. 대상이 명확할수록 제한된 시간과 노력의 양으로 집중해서 콘텐츠를 제작할 수 있고 콘텐츠를 제작할 때 반응도 좋아 응원을 받으면서 양질의 콘텐츠를 제작하는 힘이 됩니다. 저는 계정 3개를 운영 중이며 그중 문새봄 본 계정은 육아 맘, 사업가를 타겟팅하여 운영 중이며 강의의뢰와 사업제휴를 계정을 통해서 받고 있습니다.

3. 적용 예시

경단녀인 여러분들이 바로 적용할 수 있는 스텝 5단계를 소개합니다.

첫 번째는 계정운영목적 정하기
두 번째는 타겟 시장 정하기
세 번째는 컬러 정하기
네 번째는 콘셉트 정하기
다섯 번째는 콘텐츠 정하기입니다

33살 아이 둘을 키우고 있는 경단녀 퍼스널 브랜딩 예시로 다음과 같은 건 어떨까요?

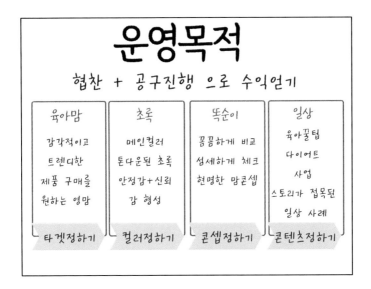

02 프로필 세팅

#콘텐츠맛집 #인생첫셀프작명 #본캐를넘어부캐

Check Point!!

△ 읽기 쉬운 입에 붙는 네이밍인가?

△ 군더더기 빼기 (의미 없는 숫자 이모티콘)

△ 브랜딩과 맞는가?

1. 맞팔할 때 빠르고 간편한 이름으로 설정하기

요즘은 소개팅하기 전 연락처 대신 인스타그램 계정을 오픈하고 DM으로 연락을 주고받는 경우가 많습니다. 어린이집 엄마들과 친해지기 전 인스타그램 아이디를 물으면서 서로를 알아가기도 합니다. 이때 아이디가 너무 복잡하거나 어려우면 검색하기도 힘들 뿐 아니라 계정을 키울 때도 불편합니다. 저는 요즘 부업계정 선팔이 들어오면 아이디를 보자마자 직감으로 알 수 있습니다. '이 계정은 부업계정이다' 라고요. 계정을 들어가면 역시 예상이 맞는 경우가 99%이며 이는 바로 차단으로 이어집니다.

부업 아이디는 계정 특징이 있습니다. 의미 없는 연속된 알파벳나열, 숫자 배열(ex.abc_4566)입니다. 대부분의 광고 전화가 080으로 시작하는 것과 유사하다고 생각하면 됩니다. 지금 나의 아이디가 혹시 이런 스타일이시라면 꼭 변경하셔야 합니다!

2. 셀프 작명을 통해 세상에 새로 태어나는 메타버스 세계의 나

제 본명은 할아버지께서 지어주셨지만, 인스타그램에서의 이름은 제가 불리고 싶은 문새봄이란 이름으로 스스로 작명하였습니다. 지금 이 책을 읽으시는 독자분들도 아마 좀 더 나은 모습의 성공한 내가 되기 위해 꿈꾸는 나의 모습이 있으실 텐데요, 그 모습에 이름을 붙여주세요! 저는 코로나 시기에 빨리 일상으로 회복이 되어 새로운 봄을 맞이하고 싶다는 소망과 제 강의를 듣는 분들이 저처럼 새로운 봄날을 맞이하셨으면 좋겠다는 생각으로 sebom 아이디를 붙였습니다.

요즘 메타버스3), NFT4)란 말이 서점이나 미디어에서도 많이 들리는데요, 저는 인스타그램이 저에게 메타버스 세계이고 문새봄이라는 인물이 NFT 세상에 하나뿐인 고유한 콘텐츠라고 생각하고 계정을 관리하고 있습니다. 내가 바라고 소망하는 인물에 가깝게 브랜딩을 하여 콘텐츠를 업로드하며 현실 세계에서 못 이룬 꿈을 새봄이에게 이루게 해주어 대리만족을 하고 있습니다.

현실에서는 주부이지만 인스타그램 속 새봄이는 싸이와 함께 춤을 추는 춤꾼이니, 저는 육아하면서 가끔 제 인스타그램 콘텐츠를 보면서 만족스럽게 웃는답니다. 이 만족감과 행복감 그리고 수익창출까지 과정 함께 나누고 싶습니다.

---

3) 가상, 초월을 뜻하는 'Meta'와 세계를 의미하는 'universe'의 합성어
   3차원 체험형 가상현실, 혼합현실, 확장 현실의 형태로 현재 급속도로 영역을 넓혀가고 있다
4) 대체불가능 토큰(Non-fungible token, NFT) : 블록체인 기술을 활용하여 디지털 자산의 소유주를 확인할 수 있는 가상의 토큰(token)

3. 본캐5)보다 부캐6)가 주목받는 시대

나에게 맞는 부캐는 무엇일까?

유산슬, 마미손을 들어보셨나요? 내가 아닌 다른 나로 살아보고 싶다는 생각을 누구나 한 번쯤은 해보셨을 텐데요. 인스타에선 이런 페르소나를 통해 내가 드러내거나 표현하고 싶은 모습을 다른 사람들에게 쉽게 보여줄 수 있습니다.

저 또한 계정을 3개 운영하고 있는데 계정마다 특징을 확실하게 가져가고 있습니다. 부계정의 경우에는 아예 다른 사람인 것처럼 부 캐릭터로 활동을 하고 있습니다.

우리는 본능적으로 자신의 모습 중 어떤 특정한 상황에서 어디까지 보여줘야 할지 잘 알고 있습니다. 동창회에 나갈 때 슬리퍼를 신고 가지 않고 집 앞 편의점을 가기 위해 정장을 일부러 입지 않는 것처럼요. 앞서 퍼스널 브랜딩에서 말씀드린 것처럼 인스타 역시 계정운영의 목적에 맞는 콘셉트를 생각하고 운영하되, 사업 분야가 달라 계정의 콘셉트가 불분명해질 때는 계정을 나누는 것을 추천해 드립니다.

두 사업 분야가 굉장히 다른데 상이한 콘텐츠를 한 계정에 동시에 올리면 전문성이 떨어져 보이고 표적 시장에 효과적으로 도달하기

---

5) 본 캐릭터의 줄임말. 원래 가지고 있는 모습, 직업, 주로 하는 일을 의미
6) 부 캐릭터의 줄임말. 원래의 모습이 아닌 새로운 모습, 직업 등 부가적인 캐릭터를 의미

힘들겠죠.

실제로는 제가 컨설팅을 진행하면서 많은 수강생분 계정을 보았을 때, 계정을 분리할 정도의 동떨어진 사업을 하시는 분들은 없었습니다. 공구제품과 육아를 분리해서 제품 위주의 홍보 계정, 육아 계정을 운영하시면서 합쳐야 할까요? 질문 주시면 저는 네! 라고 답을 드립니다. 공구제품이 아이에게 유해하거나 선정적인 상품이 아니라면 우리 아이도 쓰는 제품, 온 가족 함께 쓰는 제품으로 피드를 운영하시는 것이 훨씬 콘텐츠도 풍성하고 신뢰도 가기 때문입니다.

하지만 앞서 언급했듯 연결고리를 찾기 힘든 성격이 아예 다른 두 사업 분야를 동시에 운영하신다면 계정을 하나 더 늘리는 것을 추천해 드립니다. 물론 부계정으로 활동하거나 운영하는 것은 시간과 아이디어도 많이 들어갑니다. 특히 부캐라는 새로운 인물을 연기하면서 콘텐츠를 올릴 때는 본캐와 부캐가 다른 사람인 것처럼 행동해야 하기에 번거로움이 있습니다. 소통하는 표적과 포지셔닝도 다르므로 활동 시간도 배로 길어집니다.

시간과 노력은 한정적이어서 동시에 두 계정을 운영하기가 힘들다면 본 계정에 나의 팬들이 어느 정도 모여서 활발하게 운영이 되고 있고 나의 운영목적에 맞게 활용을 잘 하고 있다고 판단이 될 때 다음 계정을 개설하시는 것을 추천해 드립니다.

부계정을 운영을 고려하실 때 체크리스트

△ 본 계정이 충분히 목적에 맞게 활성화되어 있는가?

△ 부계정으로 운영하고자 하는 콘셉트가 본 계정 콘셉트와
   상충하지는 않는가?

△ 계정을 2개 운영할 충분한 시간과 노력이 확보되어있는가?

03 팔로우 늘리기

#인친이찐친이되는 #찐응원주고받는 #내팬만들기

Check Point!!

△ 팔로우 숫자에 연연하기보다 찐 팬 만들기 추천

△ 주제가 명확한 콘텐츠 확보 필수

△ 오픈 마인드 - 먼저 손 내미는 적극적 액션

1. 호감을 넘어 팬이 생기는 기적

 평소 호불호가 확실한지라 좋아하는 것도 많지만 싫어하는 것들도 명확해서 불편한 경우가 종종 있습니다. 음식, 인간관계, 상황 등 일상생활에서도 특정 부분에 대해 예민한 점이 있어서, 싫으면 본인이 괴로워지기에 상황 자체를 저자가 좋아하는 여건으로 만들려고 노력했습니다. 좋다고 느끼는 경우는, 상황이 익숙하고 편안하거나 때로는 완전히 신선한 경우입니다. 인스타그램에서 모르는 분이 선팔했을 때 현실에서의 만남처럼 모르는 분이니 호감이 없다가 소통을 하면서 존재를 인식함을 넘어 익숙하고 편안해지면 호감 가는 계정으로 인지가 됩니다. 그 후 피드에서 담백한 편안한 콘텐츠를 보며 팬이 되기도 하고 의외의 모습에 매력을 느껴 팬이 되기도 합니다. 볼매7) 반전매력으로 팬을 모아보세요!

2. 찐 팬 만들기 필수 액션

 '존재 인식 – 편안함 – 매력적인 콘텐츠' 이 세 가지 과정을 통해 찐 팬을 만드는 액션들을 소개하겠습니다. 인스타그램에서 내 계정이 존재한다는 것을 알리기 위해 1일 1 업로드는 필수입니다. 팔로워의 푸쉬 알림에 자꾸 등장해야 '오늘은 어떤 피드를 올렸을까!?.'

---

7) 볼수록 매력 있는

라며 익숙해지고 자주 볼수록 편안해집니다. 편안한 느낌을 주기 위해 글을 쓰실 때 구어체로 안부를 묻고 소통을 하는 것은 필수입니다.

일상 계정이지만 너무 짧은 키워드로 자랑 위주로 피드를 올리거나거나, 홍보 키워드 위주의 글은 불편함을 느끼게 되어 팔로워 수가 줄기도 합니다. 친구에게 문자를 하는 것처럼 안부를 물으면서 대화를 시작하는 것처럼 글을 쓰시고 소통해 보세요.

편안하게 아는 친구로 사이가 좋아졌다면 이제 팬을 만드는 매력적인 콘텐츠로 찐 소통을 할 순서입니다. 앞서 말씀드렸던 볼매에서 반전매력까지 나의 매력을 다양하게 업로드합니다. 여기서 다양하게라는 것은 콘텐츠의 종류란 의미도 포함되겠지만 한 콘텐츠를 다각도로 제작하는 것 또한 의미합니다. 김밥천국처럼 무난한 여러 가지 음식을 파는 분식점이 아닌, 메인 메뉴와 사이드 메뉴가 명확한 요리 전문맛집처럼 말이죠.

저자의 계정을 보면 메인으로는 새봄, 새봄의 강의콘텐츠, 사이드 콘텐츠로 음식&카페를 번갈아 가며 올리고 있습니다. 특히 메인 콘텐츠인 저의 모습은 앞, 옆, 뒷모습 그리고 다양한 포즈로 변화를 주고 있습니다.

▲ 메인 콘텐츠와 사이드 콘텐츠의 적절한 배열

　3가지 과정 후 가장 중요한 마지막 액션은 바로 적극적 액션! 업로드하자마자 홈버튼 - 인스타그램 - 팔로잉을 누르면 지금 접속하고 있는 친구들 피드에 좋아요, 댓글소통이 가능합니다. 실시간 소통이 들어오면 인친8)들의 액션이 더욱 활발해집니다

좋아요도 좋지만, 진심을 담은 댓글을 먼저 달아주시면 내적 친밀감이 형성되는 속도는 더욱 빨라집니다.

---

8) 인스타그램 친구. 팔로워를 의미하기도 한다.

▲ 인스타 화면 왼쪽 아래 홈 아이콘을 클릭

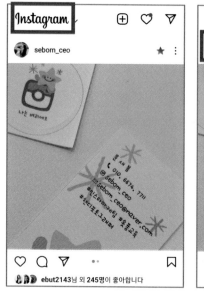

▲ Instagram을 클릭 후 팔로잉을 클릭하면 팔로워의 업로드를

시간순으로 보여줍니다

3. 인친이 현친이 되는 마법

여기까지 읽으신 독자분들 중 나는 팬을 만들 자신이 아직도 안 생기셨다면 나노 인플루언서의 개념을 다시 한번 떠올려 보세요. 500~10000명의 팔로우 계정을 사진 사람을 나노 인플루언서라고 합니다. 내가 타겟으로 정한 대상에서 나를 호감으로 느끼고 진심으로 응원해줄 500명만 확보해도 팬을 확보한 인플루언서가 된 것입니다. 극성 애호가처럼 열광하는 팬을 뜻하는 것이 아니기에 나도 누군가의 팬이 될 수도 있고 내 팬도 꾸준히 노력하시면 만들 수 있습니다.

저는 이렇게 서로의 팬이 된 하윤이의 웃음창고 채널을 운영하시는 하윤 대표님(@__hayoon89__)을 현실에서 만나 뵙고 비즈니스 미팅을 했습니다. 인스타로 친근하게 서로에 대해 알 수 있었기에 만나는 것도 자연스러웠고 5시간 이상 식사하고 수다 떨면서 주차비 폭탄을 맞았던 기억이 납니다. 만남에서 나아가 비즈니스 파트너로 협업하고 있고 의지가 되는 대표님입니다. 서로에게 이런 존재가 될 수 있게 된 가장 큰 이유는 여성 사업가로 새로운 판로개척을 하고자 하는 상황이 비슷했고 인스타그램을 통해 이미 마음의 문이 열려 있었기 때문입니다.

구예슬 아나운서(@yes_kg38)님과도 인스타그램으로 인연을 맺었는데 지금 정말 친한 베스트 프렌드가 되어 함께 인플루언서로 활동하고 있습니다. 오프라인에서 한 번도 본 적 없던 사이였지만 인스타그램으로 서로의 매력을 너무 잘 알게 되었습니다. 구예슬 아나운서가 마침 교원 유튜브 촬영 캐스팅 제안을 해주어 만남이 성사가 되었습니다. 처음 만난 날 마치 어제 본 사이처럼 자연스럽게 인사를 나누며 재밌게 촬영을 하였습니다. 그 이후에도 모바일 쇼호스트와 강연을 함께 하면서 서로에게 큰 힘이 되어 주고 있습니다.

▲ 하윤이의 웃음창고 하윤 대표님과 구예슬 아나운서

04 공감이 되는 콘텐츠 제작

#찐소통 #척보다진솔함

Check Point!!

△ 일기장은 일기장에! 기록이 아닌 공감이 되는 콘텐츠인지

△ 약점을 오픈하고 극복하는 과정 스토리가 있는가?

△ 보이고 싶은 모습을 위해 척을 하는 콘텐츠 비율이 너무
  높지는 않은지?

1. 공감 콘텐츠 요소 3가지
- 일상, 시련극복, 큐레이터

제가 다른 SNS보다 인스타그램에 집중하는 이유는 인스타그램은 결과 중심이 아닌 과정을 중점적으로 보여줄 수 있기 때문입니다. 이미 완성된 일이나 업적은 칭찬을 받을 수 있지만, 또한 시샘과 질투를 부르기도 합니다. 결과가 너무 완벽하면 오히려 인스타그램에서는 외면받는 이유기도 합니다. 반면 시행착오를 겪고 시련을 극복하는 과정은 대부분 사람에게 응원과 공감을 받을 수 있습니다. 일상을 공유하되 과정을 자세히 공유하면 보는 사람은 감정이입이 되어 발전하는 모습을 응원해주거나 도움을 주려고 하는 적극적 액션까지 하게 됩니다.

만약 일상을 공유하기도 발전과정을 공유하는 콘텐츠도 원하지 않으신다면 큐레이터 방식으로 공감을 부를 수 있습니다. 적절한 타이밍에 사람들이 궁금해할 만한 정보를 잘 수집해서 보기 좋게 제작해서 업로드하는 방법입니다. 이 방식은 꼭 그 분야의 전문가가 아니더라도 가능하기 때문에 경단녀들이 하기 좋은 콘텐츠입니다. 인터넷의 수많은 정보를 정리해서 사실 확인을 하고 가독성 좋게 설명을 하는 콘텐츠는 공감을 넘어 저장횟수까지 높습니다. 물론 사실만 나열하는 것이 아닌 지금 타이밍에 이 정보를 어떻게 활용하면 좋을지 본인의 이야기를 넣어서 제작하시면 더 좋겠죠

2. 일기장이 인기 게시물이 되려면?

정말 많이 하시는 실수이자 저자도 초반에 했던 일기장형식의 콘텐츠에 관해 이야기해보려 합니다. 일기를 쓰듯 오늘 내가 먹은 것한 것을 사진 한 장&짧은 글로 업로드 후 해시태그는 #일상소통 #선팔 #맞팔 이런 콘텐츠는 좋아요도 댓글도 끌어내기 힘들어 계정이 성장하기가 어렵습니다.

일기장에 쓰여있는 본인의 일기장도 다시 읽어보는 일이 거의 없거나 1년에 한 번 읽어볼까 말까인데 다른 사람들이 나의 일기장을 자주 와서 봐주고 반응해줄 리가 없겠죠.

해시태그를 아무리 일상소통이라고 달아도 아무도 소통해주지 않는 이유는 어느 포인트에서 반응을 해주어야 할지 모르기 때문입니다. 일상적인 흔한 사진에 짧은 글을 보고 댓글을 창의적으로 창작해서 쓰기는 생각보다 어렵습니다. 영혼 없는 응원의 댓글도 한두번이지 같은 패턴의 계속되는 피드는 언팔[9]을 부르기도 합니다.

그러면 일상생활의 기록을 담는다면 어떤 콘텐츠가 괜찮을까요? 육아 맘 분 중 아이의 성장 과정을 콘텐츠로 하신다면 아이의 오늘 일과를 사실대로 나열하는 것이 아닌 육아를 하시면서 느낀 감정을 상세하게 기록해보세요. 그리고 인친들에게도 물음표(?)로 끝나는

---

9) 기존에 했던 팔로우를 취소하는 것

질문을 통해 댓글을 유도해서 공감해 보세요.

큐레이터 방식으로는 핫한 '육아는 아이템 빨 이다!' 육아템 공유, 아이 연령별 집에서 할 수 있는 엄마표 놀잇감 등 이미 내가 당연하게 하는 방식이 그 길을 처음 내딛는 누군가에게는 꼭 필요한 정보가 될 수 있습니다.

평범한 일상을 비슷하게 자주 올리게 되는 콘텐츠라면 사진뿐 아니라 동영상을 활용해 보세요. 너무 뻔한 일상이 뻔한 방식으로 계속 올라오면 피드에 체류하고 있는 시간이 짧아져 나의 계정 점수에도 악영향을 미칩니다. 최대한 오랫동안 머무를 수 있는 요소들을 넣어 보세요

1. 섬세한 감정 공유
2. 질문을 통한 정보 공유 커뮤니티 형성
3. 여러 장의 사진과 동영상 콘텐츠

위의 3가지를 활용하여 일기장이 아닌 공감과 소통의 피드를 올려 보세요.

3. '하는 척' 보다 과정을 공유해보세요

　드라마나 영화에서 부모님이 아이들을 위해 음식을 먹이면서 "엄마는 속이 더부룩해서 못 먹겠네. 너희 많이 먹어" 라고 하며 아이들에게 양보하는 장면 한 번쯤은 보셨죠? 그 장면을 보면 '엄마는 얼마나 배가 고플까'라는 생각이 들면서 속이 더부룩하다는 말은 '배가 고프지만, 너희를 위해 참는다'라는 문장으로 해석되어 들립니다.

　사람이 자랑하는 걸 보면 그 사람의 콤플렉스를 엿볼 수 있다는 말도 있죠. 인스타그램에서 #나는 지금 행복해요 #나는 지금 완벽해요 라는 자랑스타그램을 보면 오히려 '나는 행복해지고 싶어요. 나는 완벽해지고 싶어요.'라고 내적으로 번역되어 들리기도 합니다. 인스타그램의 가장 큰 장점인, 결과에 이르기까지의 과정을 꾸밈없이 올리신다면 오히려 "정말 행복해 보이시네요~ 너무 잘하시는데요?"라는 댓글이 달릴 것입니다.

　물론 정말 행복하고 정말 완벽한 모습을 공유하는 콘텐츠도 있다면 그것을 바로 올리시면 되지만 적당히 비율을 조정하시는 것을 추천해 드립니다. 좋은 이야기도 한 두 번이지, 계속되면 듣기 싫어지는 것처럼 다양하게 균형을 맞춰가며 소통하셔서 인간미 있는 인플루언서가 되시길 응원합니다.

05 경력을 활용한 콘텐츠

#사람이라는책 #경력들을 곱하면_힘이세진다

Check Point!!

△ 결혼 전 내가 빠져 있었던 것들은?

△ 아르바이트나 경험도 모두 적어보기

△ 사진, 글, 영상 중 제일 자신 있는 것과 접목하기

1. 지금 모습 그대로가 오히려 좋아

많은 교수님의 강의를 들었지만 울림을 주는 강의를 하셨던 분은 손에 꼽을 정도였습니다. 나의 마음을 움직이고 행동까지 바뀌게 하는 강의들은 교수님들의 강의보다는 자영업자들의 진솔한 스토리를 바탕으로 한 경험담이나 본인의 약점을 오픈하고 극복하는 과정을 공유하는 용기 있는 유튜버였습니다.

전교 1등 출신 과외선생님보다 중위권부터 성적을 올렸던 선생님이 아이들이 문제를 못 푸는 이유를 알아 더욱 수업을 잘한다는 이야기를 들어보셨을 것입니다. 이처럼 인친들은 우리에게 교육을 받으려고 소통을 하는 것이 아닐 것입니다.

저 역시 경단녀가 되었을 시기에 춤이 아닌 콘텐츠로 어떤 것을 올릴까 고민하며 시행착오를 했습니다. 춤도 2년 이상 쉬어서 잘 추는 게 아닌데 지금 올리고 싶지 않았고 더 연습하고 완벽하게 올리고 싶은 마음이 컸습니다. 그렇다면 책? 책을 정말 많이 읽고 #책스타그램을 할 정도의 실력은 아닌데…. 그렇다고 육아도 부족한 점이 있고 카페를 좋아하지만 #카페스타그램 콘텐츠를 메인으로 할 정도로 개인 카페를 자주 갈 수 있는 상황은 아니었습니다. 이런 고민의 시기가 길어질수록 자신감은 하락하고 자괴감이 들었습니다.

하지만 콘텐츠의 완성도란 사람마다 기준이 다른 것이고 완벽한 피드나 게시물을 바라는 인친도 없습니다. 너무 많이 아는 사람이 말해주는 콘텐츠는 자칫 아는 척이나 잘난 척이 될 수도 있겠죠. 특히 청개구리 심보가 있는 저자는 꼰대 느낌의 척하는 글이나 잔소리들을 들으면 오히려 반발심이 생깁니다.

컨설팅 첫 시간 미팅을 하면 자신감이 하락한 상태에서 지금은 쉬면서 육아를 하고 있다는 이유로 메인 콘텐츠가 없다며 속상해하는 경우가 많이 있었습니다.
저는 그럼
"오히려 좋아!!"
라는 유행어로 결혼 전에 하셨던 경험이나 직업을 묻습니다.

정말이에요! 경험이 부족해도 괜찮습니다. 한 분야에 전문가일 필요도 없습니다.
사람 냄새나는 인스타그램에서는 오히려 더 좋아요!

2. 오래전 경험들도 모두 훌륭한 콘텐츠 소재

저는 사람들은 걸어 다니는 책이라고 생각합니다.
본인의 인생을 책으로 엮으면 정말 두꺼운 책이 되겠죠. 지금 당장
내가 경력이 단절되었다고 하더라도 그동안 경험했던 감정, 아르바
이트했던 경험, 만났던 사람들 모두 다 콘텐츠가 될 수 있습니다.

물론 단독으로 떨어트려 놓으면 사소하게 느껴질 수도 있습니다.
그러나 나의 경험들이 쌓이면 인스타그램에서는 큰 힘을 발휘합니
다. 저자는 경영행정학부를 졸업했지만, 어머니가 아이들 보육을 하
는 일을 하시며 옆에서 아기를 놀아주었던 경험 덕분에 영유아 무
용 콘텐츠개발 직업을 할 수 있었습니다. 만 3살 나이의 아이들부
터 수업을 진행했던 노하우로 여러 연령대의 강의를 쉽게 전달하는
강사입니다. 또한, 이 경험을 살려 인스타그램에서 콘텐츠를 제작할
때에도 직관적이고 이해하기 쉽게 기획할 수 있습니다. 거기에 저
자는 말을 하는 것을 좋아하니 쉽게 콘텐츠를 만들고 수업을 하는
동영상이나 라이브 방송으로 SNS 계정들을 키워나가고 있습니다.

경력단절이 되기 전 내 취미 관심사부터 모두 적어보세요
그리고 예전의 경험과 기억들을 인스타그램의 사진, 글, 영상 3가지
와 접목해서 업로드를 기획해보세요.
예를 들어 20대 때 간호사였지만 현재 30대 중반인 퇴직한 여성분

의 예를 들어보겠습니다. 취미가 요리이고 현재 두 돌 된 아이의 맘이자 관심사는 다이어트이며 사진 찍는 것을 좋아하는 분이 계십니다. 요리 사진에 병원에서 본인이 직접 겪었던 환자들 사례를 글로 쓰면서 건강에 좋은 레시피 정리와 아이들도 함께 맛있게 먹는 영상을 올려보면 어떨까요!?

"간호사를 퇴직한 지 오래되었고 요리를 정말 잘하는 건 아니에요!"
라고 하신다면 오히려 좋습니다! 우리 집 냉장고에 항상 있을법한 요리로 건강과 관련된 상식을 먼지 팁처럼 소소하게 풀어내어 글을 써보세요. 쉽게 따라 하기 쉬운 레시피와 읽기 편안한 글로 팬들이 생길 것입니다.

06 특장점 녹여내기

#나만의 매력 #너와나의 연결고리

Check Point!!

△ 내가 어떤 것을 할 때 편안한가?

△ 취향을 오픈해보자

△ 나를 도와줄 가족, 친구는 누구인가?

1. 나만의 특징과 장점은 편할 때 극대화됩니다

요즘 유행하는 #소울리스좌 영상을 방금 리믹스로 찍고 왔습니다. 소울이 하나도 없는 영혼 없는 기계적인 멘트에 사람들은 공감하고 열광하는 콘텐츠입니다. 매력이나 특징 장점이 꼭 화려하고 텐션이 높고 개성이 강한 것만을 뜻하는 것은 아닙니다. 인스타그램에 입문하실 때 다른 계정을 찾아보시고 나의 색은 너무 흐릿하고 별 것 없는 것 같다며 말씀하시는 분들이 계십니다. 오히려 담백하고 편안해서 더 좋습니다. 인스타그램 운영을 몇 달만 할 것도 아니고 장기적으로 보았을 때 나의 진짜 모습이 아닌 콘텐츠를 하시다 보면 힘이 뒤로 갈수록 빠져 인태기10)가 오게 됩니다. 내가 편하게 빈번하게 하는 것들이 무엇인지 생각해 보세요. 정말 평범하고 당연한 것들도 콘텐츠가 되고 소울리스좌처럼 나에게는 지겹지만 인친들에게는 신선하게 느끼도록 뾰족하게 포인트를 주며 깎아내면 됩니다.

인스타 감성은 '#꾸민듯안꾸민듯꾸민느낌'이기에 사진에는 힘을 툭 풀어야 인친들에게 자연스럽게 스며들 수 있고 나아가 호기심이 생기기도 합니다. 그래서 저는 사진에는 최대한 힘을 풀고 제가 좋아하는 동물 카페 디저트를 즐기는 콘텐츠를 올립니다. 릴스에서는 좀 더 힘을 주고 텐션이 높은 콘텐츠를 올려 균형을 맞춥니다.

---

10) 인스타 권태기의 줄임말로 SNS에 권태로움을 느끼는 상태

2. 사소한 취향으로도 팬이 생겨요

팬을 만드는 가장 첫 번째 단계는 나와 관련이 있도록 연결고리를 만드는 것입니다. 우리가 수많은 잘사는 모든 사람을 부러워하지는 않지만, 학창시절 친구와 성적을 비교하거나 부모님이 말씀하시는 엄친아 엄친딸 이야기에는 부러운 마음이 생기는 것처럼 말입니다. 세상 모든 사람은 나와의 연결고리가 없지만 내가 한 번이라도 봤거나 건너 건너 아는 사람은 나와의 접점이 있으므로 비교도 되고 경쟁심리가 생기기도 합니다.

이런 비교의 연결고리가 좋게 작용하면 나와 관련이 한 번이라도 있었던 사람에게는 관심이 가거나 호의를 가지게 됩니다. 인스타그램 공구가 잘되는 이유도 바로 이 점입니다. 녹색 창에서 상품을 검색하면 나와 접점이 없기에 판매자들의 수많은 가격과 서비스를 비교해서 이성적으로 합리적인 쇼핑을 하게 됩니다.

그러나 인스타그램에서 나와 일상을 공유하고 소통했던 인플루언서가 공구를 한다면 어떨까요? 기존에 형성된 인플루언서에 대한 브랜드 로열티로 이성적인 판단보다는 감성적 소구가 더해져서 구매하게 될 가능성이 더 커집니다. 거기에 내가 평상시 호감을 느꼈던 인플루언서가 직접 자기 이름 석 자를 걸고 판매를 한다면 구매 시 고려하게 되는 의사결정과정이 대폭 단축됩니다.

접점을 만든다는 건 사소한 것부터 시작할 수 있습니다.

내가 민초단인지 반민초단인지, 탕수육을 먹을 때 부먹인지 찍먹인 지처럼 취향차이에서 시작해서 MBTI, 고향, 거주지역, 전공, 하는 일, 키우는 동물 등등 모든 것들에서 연결고리를 만들 수 있습니다.

sebom_ceo 10년전 #mbti
검사지를 어쩌다 다시 보게되었는데
#entj
희귀한 2.7퍼만 있는 유형이래요🤔
#스티브잡스 #히틀러 #김정은

우리 신랑은 저보다 더 희귀한
#enfj 엔프제는 여자가 더 많은데
남자 엔프제와 여자 엔티제라니🙄

피드는 어제 #미팅 가서 #눈호강
#신세계본점
그리고 힙스러운#카페☕

#인님들 엠비티아이궁금해요😮
#댓글로알려주세요🙆
#꿀밤되세요🌙
24주

▲ 소소한 이야깃거리로 연결고리 만들기

작은 연결고리를 여러 개로 연결하다 보면 블록체인처럼 연결이 되어 팬심으로 커집니다. 처음의 연결고리 생성이 어렵지 그 뒤로 체인을 늘려가는 건 쉽습니다. 우리가 연예인을 좋아할 때, 좋아하는 요소들을 다 판단해서 좋다고 느끼는 것이 아니라 처음에 어떤 작은 요소에 의해 좋아한다고 느끼게 되는 순간 그 사람의 모든 것들이 좋아 보이는 것처럼요. 저는 어느 날 들은 장기하의 '부럽지가 않어'를 좋아하게 되어 장기하 꿈까지 꾼 적이 있습니다. 장기하 노래가 좋다고 느끼는 순간 장기하가 궁금해지기 시작해서 SNS를 모두 가서 읽고 최근 출간한 책도 읽었습니다. 장기하가 좋으니 장기하가 쓴 책도 좋고 인터뷰 내용의 식습관 취미에도 호감이 가더라고요.

여러분들도 나라는 사람을 자주 노출하여 호감의 사소한 불씨를 키워 큰 팬심으로 만드시는 것을 추천합니다.

3. 옆에 등장하기만 해도 큰 도움을 주는 가족

경단녀일 때 소속감이 옅어지면서 가족과 더 자주 만나고 이야기하게 되었습니다. 마침 경찰 공무원이셨던 아버지도 정년 퇴임을 하게 되어 시간적 여유가 생기셨습니다. 경찰 특성상 근무시간이 들쑥날쑥하셔서 어릴 적부터 아빠와 특별하게 사진을 찍는다거나 단둘이 데이트를 한 적은 없었습니다.

그러나 이번에 릴스를 찍어달라고 부탁을 하면서 친해지기 시작했습니다. 나중에는 신랑과 아버지 딸 모두 나오는 짧은 숏폼11)을 촬영하면서 웃는 일이 많아졌습니다. 전에는 좋게 말하면 섬세 나쁘게 말하면 예민했던 촉을 세워가며 스튜디오 예약해서 촬영하였다면 이제는 집에서 아빠가 좋아하는 해병대 모자를 쓰고, 아이랑 함께 과일 먹다가 바나나를 들고 릴스 촬영을 합니다.

결과는 훨씬 좋았습니다. 서먹했었던 가족관계를 돈독하게 해주는 인스타그램! 제가 사랑하는 이유입니다.

릴스는 1인보다는 여러 명이 촬영하면 조회 수나 반응이 훨씬 좋습니다. 아무래도 시선이 분산되기도 하고 티키타카나 케미가 돋보이는 기획에서는 더욱더 힘이 커집니다.

또한, 내가 사는 공간, 내가 먹는 것, 나의 가족관계 등 모든 것들이 나를 규정짓는 요소들입니다. 이 요소들의 케미가 서로 잘 어우러지면 콘텐츠의 컬러도 더욱 독보적으로 업그레이드됩니다. 등장만 해도 큰 도움이 되는 가족이나 가까운 지인과 함께 콜라보 콘텐츠를 만들어보세요!

---

11) '짧은 동영상'을 뜻하는 숏폼은 틱톡에서 지원하며 영상의 길이는 평균 15~60초, 최대 10분을 넘기지 않는 동영상 콘텐츠를 의미한다.

▲ 가족과 간편히 찍을 수 있는 릴스

07 애칭 만들기

#내가_나자신의_팬이_되어야 #남들도_내_팬이_되지

Check Point!!
△ 나 자신을 사랑할 준비가 되었나요?
△ 인친들의 팬이 되실 준비가 되어있나요?
△ 성공의 정의는 무엇인가요?

1. 나의 계정 팬클럽 이름 만들기

팬클럽이라니 너무 오글거리시나요?
저도 사실 처음에는 저를 응원해주시는 인스타그램 친구들은 인친이라고만 불렀습니다. 다른 인플루언서들이 팬들을 부르는 애칭이 있다는 것을 알고 있었지만 부끄럽고 쑥스러웠어요. 초반에는 제가 스스로에 대해 자신감이 많이 없었던 것 같습니다. 그냥 평범한 아줌마인데…. 팬까지는 아니고 그냥 소통하는데 내가 인기 많은 유튜버처럼 '땡땡이들 잘 지내셨나요?' 하면 언팔하면 어떻게 하지? 라는 소심한 생각들이 들었습니다.

그러나 지금은 새봄의 봄을 두 번 연속으로 부르는 봄봄님 애칭으로 팔로워분들을 부르고 있습니다. 인스타그램에서의 팬은 극성 팬이 아닌 관심도가 비슷한 코드가 맞는 친구들이 모여 소소하게 응원을 해주고 바라봐주는 나만의 공간이기에 애칭을 붙여서 부르신다고 아무도 싫다고 거부하시는 분은 없습니다. 애칭이 있으면 좋은 점은 느슨한 소속감을 부여하게 되어 이벤트를 기획할 때 유대감 있는 참여가 가능해집니다. 보통 이벤트를 하면 계정 선팔, 리그램, 댓글 등 미션들이 있는데 저는 성격상 꼼꼼하게 확인하기도 번거롭기도 하고 두루두루 혜택을 드리고 싶어서 조건 없는 이벤트를 했었습니다.
그러나 계정을 키우는 데 크게 도움이 되지는 않았습니다. 체리

피커처럼 이벤트 상품만 받으시고 소통을 안 하는 분들도 있더라고요. 평소 댓글 응원, 좋아요 폭탄, 스토리 메시지로 힘을 실어주시는 분들 위주로 감사의 성의 표시를 하시게 된다면 애칭이 있으면 좋습니다!

인스타그램에는 친한 친구 설정이 있어 내가 친하다고 생각하는 사람들만 묶어서 스토리를 보여주는 기능이 있습니다. 친한 친구 설정은 '팔로잉' 버튼을 눌러 친한 친구를 터치하면 초록색 별이 생깁니다.

▲ 팔로잉을 누르고 친한 친구 추가하기

사적이거나 개인적인 이야기를 친한 친구들과 공유하면서 더 깊은 유대관계가 형성되기에 이왕이면 그 친구들을 묶어서 부르는 애칭이 있다면 더 끈끈해지겠지요?

2. 인친 팬클럽 가입하기

팬을 모으는 것만큼 중요한 것은 나도 누군가의 팬이 되는 것입니다. 먼저 손을 내미는 것을 쑥스러워 마시고 관심 분야가 맞는 계정에 피드에 댓글을 달아보세요. 인스타그램은 업로드를 하지 않아도 접속을 하셔서 앱에 머무르는 시간이 가장 긴 앱입니다. 댓글을 달면 몇 분에서 길어도 반나절 안에는 먼저 손 내밀어 주셔서 감사하다며 '좋아요' 폭탄을 선물로 주십니다. 이렇게 시작된 인연으로 끈끈해지는 사이가 되면 인친의 소소한 일상부터 비즈니스까지 응원하게 됩니다.

인스타그램에서의 소통은 의무적으로 시켜서 하는 것이 아닌 자만추12)의 성격이어서 특히 장점이 큽니다. 사회생활을 하며 분위기나 규율 때문에 해야 했던 보여주기식 소통에서 오로지 내가 보고 싶고 알아가고 싶은 관계만 친해질 수 있는 찐 소통이 가능한 인스타

---

12) 자연스러운 만남 추구의 줄임말

그램! 팬에서 안티팬으로 변심할 수 있는 것처럼 가끔은 불편한 관계가 되기도 하는데요. 인스타그램에서는 언팔을 해서 안 보이게 하는 기능뿐 아니라 팔로우 관계는 유지하되 피드만 숨기기 스토리 숨기기 기능도 있으니 상황에 맞게 적절히 활용하시면 좋을 것 같습니다.

좋아하는 것이 많다는 건 하루 중 기분이 좋아질 일이 많다는 것입니다. 경단녀 시절 아무래도 기분이 가라앉아 있을 때는 바뀐 상황에 당황스럽거나 혼란스러워 예민도가 올라갔었습니다. 감사하는 일보다는 불평불만이 늘었습니다. 그러나 인스타그램을 시작하고부터는 제가 좋아하는 고양이를 보면서 엄마 미소를 짓거나 먹어 보고 싶은 카페 디저트를 보며 인친에게 정보를 얻고 뿌듯해하며 웃습니다. 직접 뵌 적은 없지만 춤 선이 제 스타일인 강사님의 릴스를 신랑과 따라 해보며 웃기도 합니다. 그리고 댓글로 바로 제 감정을 나누면서 쌍방향 소통을 합니다.

다른 SNS와 가장 큰 차이점인 쌍방향 소통인 인스타그램! 그래서 나도 인친들의 팬이 되면 나의 행복감도 높아집니다.
좋아하는 사람들과는 친밀하게 소통하시고 애매한 사람들과는 상황에 맞춘 거리 두기를 하시면서 계정을 키워가시면 나중에는 편한 관계가 대부분인 나만의 팬클럽이 모이는 것입니다.
이렇게 모인 팬들은 나의 행복지수를 높여주고 이것들이 빈번해지면 자존감도 올라갑니다

3. 성공한 인플루언서란?

 성공을 꿈꾸시는 독자분들께 '성공의 정의'부터 규정짓고 가겠습니다. 제가 생각하는 성공이란, 내가 하고 싶은 것은 하고 하기 싫은 일은 거부할 수 있는 편안한 상태라고 생각합니다. 제 기준에 유명하고 돈이 많다고 성공했다고 볼 수 없습니다. 안티팬이 많아 힘이 든 유명한 스타, 돈이 많지만, 돈으로 싸우는 가족이 많아 힘이 든다면 행복하지 못하다는 생각이 듭니다.

 이런 점에서 저는 인스타그램 덕분에 성공에 아주 가까워진 인플루언서로 살고 있습니다. 안티팬이 있을 정도로 유명한 것도 아니고 업로드하고 싶은 시간에 원하는 콘텐츠를 올리고 좋아하는 사람들과 댓글을 보며 행복해합니다. 불편한 댓글은 지워버리고 부업계정은 차단해 버립니다.

 이렇게 나만의 성공의 규정을 정의한 후에 대중의 마음을 이해하고 인스타그램을 운영한다면 보여주기식의 피드가 아닌 성공적인 콘텐츠 제작이 가능합니다. 팔로워 좋아요 수에 연연하거나 인친의 요트사진을 보며 부러워 할 필요도 없어집니다.

 주인공이 편안하고 진심으로 행복한 상태를 대중은 알아봅니다. 반대로 일부러 척하거나 가식적인 멘트는 불안하다고 느껴집니다.

명품가방, 귀금속을 도배하는 피드가 인기가 없는 이유입니다.

 내가 정말 원하는 성공에 대해 정확한 파악한 후 인친들의 마음도 헤아려보시면서 나와 그리고 나를 응원하는 사람들의 팬이 되어보세요. 성공하기 위해 인스타그램을 목적지향으로 운영하시는 것보다 가시는 과정이 평화롭고 안전할 것입니다.

08 꾸준하게 하는 법

#콘텐츠의 힘 #인태기극복방법

Check Point!!

△ 정말 내가 편안하고 행복한 내 콘텐츠 찾으셨나요?

△ 자꾸 미루는 습관이면 인친과의 약속 정하기

△ 콘텐츠가 불분명하다면 하나하나 해보기

1. 다시 한번 체크하는 메인 콘텐츠

나의 메인 콘텐츠와 사이드 콘텐츠를 적절하게 섞어 올리시지만, 반응이 없거나 불편한 마음이 생기신다면 변화가 필요합니다!

지금 계정운영을 오래 하신 분 중 책을 통해서 인사이트를 얻고 싶으시다면 주목해주세요!

메인 콘텐츠의 배리에이션을 주시는 3가지

A. 기존 콘텐츠에 새로운 요소들을 접목한다

B. 콘텐츠끼리 콜라보한다

C. 이벤트를 한다.

♥ 요소를 접목한 방법

 기존에 춤 릴스 콘텐츠를 올렸던 계정 예를 들어볼게요. 첫 폴댄스 영상이 5.5만 조회 수를 찍으며 팔로워 수가 많이 늘고 팬이 생겼었습니다. 부단한 노력으로 폴 실력을 향상해서 업로드했지만 비슷한 콘텐츠에 반응이 점점 식어갔습니다. 그래서 폴과 춤을 접목해서 폴 위에서가 아닌 폴 앞에서 춤을 추는 영상으로 업로드하였습니다. 춤+댄스라는 요소를 접목시켜서 기존개념을 확장한 것입니다.

▲ 폴 위에서만 촬영　　▲ 폴 + 댄스 접목해서 촬영

♥ 사이드 콘텐츠와 접목한 이벤트

제 사이드 콘텐츠인 카페와 디저트 콘텐츠도 점점 식상해지는 것 같아 예쁜 카페에서 강아지와 함께 있는 사진, 딸이 카페에서 강아지와 함께 춤추는 사진 등 사이드 콘텐츠들끼리 최대한 콜라보레이션해서 시너지 효과를 보고 있습니다.

▲ 카페 + 가족 + 강아지의 콜라보레이션

♥ 글 속에 이벤트 넣기

인태기가 왔거나 콘텐츠를 재미있게 하고 싶으신 분들에게는 이벤트를 오픈하시는 것 추천해 드립니다. 인스타그램의 이벤트는 팔로워 숫자 돌파 이벤트, 제품이나 서비스 출시 기념이벤트도 있지만 #돌발 #갑분이벤트처럼 내가 하고 싶을 때 이벤트를 열기도 합니다. '영상에서 박수를 총 몇 번 쳤을까요?'처럼 퀴즈를 내시고 맞추시는 분께 커피 기프티콘을 전송한다거나 기간을 정해서 미션을 수행하시는 인친을 선정해서 재능 기부를 하기도 합니다.

이렇게 이벤트에 당첨되시는 인친과는 정말 끈끈한 관계가 됩니다. 이벤트 당첨이 되어 후기를 쓰시는 것이 의무는 아니지만, 피드에 자발적으로 후기를 써준다거나 리그램으로 피드에 홍보를 해주시기도 하고 친구소환을 하시기도 합니다.

오히려 마음이 고맙다며 선물한 기프티콘 가격 이상의 선물을 보내주기도 하고요. 이렇게 느슨해진 인태기에 이벤트는 더 인스타그램을 재미있게 할 수 있는 활력이 되어줍니다.

sebom_ceo ❶❺❸ ❸❤❸❷❸❸
힌트는 2p 숫자 🔍
몇일전 #아마존 #릴스
제가 #퇴고 라는단어
몇번 말했을까요?

제일 첫번째 댓글 행운의주인공
#경단녀에서인플루언서까지
#인스타그램자존감수업
📖책이 나오자마자
첫번째로 보내드려요 🤍

퀴즈가 너무 어렵다고요?
#출간 준비중인
#예비저자
#문새봄 응원글 써주시는분께
🌷 추가 2분 추첨
#커피기프티콘 쏩니다 🚀
발표는 내일 #스토리 확인해주세요 🙏
sebom 응원해주시는 #봄봄님
#많참부🫶
#곧15k
#감사이벤트

24시간

▲ 퀴즈를 맞히는 이벤트 진행으로 댓글 유도

2. AB 테스트

아직도 내가 어떤 것을 올려야 할지 모르시겠나요?

반응 없는 피드에 지쳐서 인태기가 오셨다고요?

그러신 독자분들은 AB 테스트를 하셔서 빠르게 콘텐츠 주제를 다시 정하시면 됩니다. AB 테스트란 이상형 월드컵처럼 A와 B를 비교해서 반응이 더 좋은 콘텐츠 하나는 계속 진행하고 나머지는 아웃시키는 것입니다. 이 테스트를 하실 때는 업로드 시간대와 요일을 같게 하시고 반응을 살펴보세요. 평일, 주말 시간대별로 팔로워들의 반응이 다르므로 최대한 비슷한 조건에서 반응을 비교해 보는 것입니다.

예를 들어 요리하는 과정이 좋을지 완성된 요리를 맛있게 먹는 모습이 좋을지 고민되신다면 업로드 요일과 시간을 정하시고 반응을 살펴보세요.

A	B
요리과정 #집밥레시피 #집밥하는주부 1주 차 화요일 오전 10시 업로드	식사모습 #먹스타그램 #홈스토랑 2주 차 화요일 오전 10시 업로드

저자가 인스타그램을 좋아하는 가장 큰 이유가 여기에 있습니다. 시도하고 해보는 것에 돈이 든다거나 제약이 있는 것이 아니기에, 생각하는 것들을 시도해보고 반응을 보며 다음 콘텐츠를 올리면 됩니다.

Part Ⅱ. 팔로우를 부르는 계정운영법

Every day
twinkle

01 기억에 남는 프로필 세팅

#선팔하고싶어지는 #작은차이가_명품을만든다

Check Point!!

△ 밝은 표정 나만의 포즈, 프로필 사진이 준비되었나요?

△ 본인만의 좌우명은 어떤 것인가요?

△ 스토리/하이라이트 설정해 놓을 주력 콘텐츠 정하기

1. 프로필 사진이 중요한 이유

인스타그램에서 다른 계정에 댓글을 달았을 때 프로필 사진의 아이콘과 나의 아이디가 표시됩니다. 이때 스토리 설정을 하게 되면 무지개 띠가 둘러져 동그란 아이콘이 한 번 더 강조됩니다. 프로필 사진이 고화질에 표정이 잘 나온 사진이라면 더욱 기억에 남을 것입니다.

보정 앱으로 원본 수정한 사진을 프로필로 설정하게 되면 작게 표시되는 아이콘에서는 얼굴이 잘 보이지 않습니다. 그리고 인물이 없는 배경 사진, 텍스트로 하는 경우는 광고 계정의 느낌을 줄 수 있습니다. 사람이 운영하는 것이 아니라 목적성이 강한 홍보 글이 많을 것이라는 생각에 팔로우를 받기 어렵습니다. 대기업 계정이 일반인 인플루언서에 비해서 인스타그램 계정을 성장시키기 어려운 이유도 이런 목적성이 눈에 띄기 때문입니다.

육아 계정의 경우 아이 얼굴로 프로필을 하는 경우가 많이 있습니다. 만약 아이의 일상이 계정의 메인 콘텐츠라면 아이의 표정이 잘 살아있는 사진을 얼굴 위주로 확대해서 설정하는 것을 추천합니다. 배경이 예쁜 곳에서 촬영한 전신사진을 프로필로 설정하였을 경우 인물이 부각이 되지 않습니다.

저자는 될 수 있는 대로 아이의 얼굴보다는 엄마의 얼굴로 프로필 설정하는 것을 추천해 드립니다. 엄마가 직접 운영하는 계정의 느낌이 나게 되면 콘텐츠도 더욱 다양해지고 추후 협찬을 받는다거나 원고료를 받아서 홍보 글을 쓸 때도 맘들 나이에 맞는 제품들을 선택할 수 있습니다.

프로필은 엄마의 얼굴로 설정하고 스토리나 피드로 아이 소개와 성장 과정을 보여주면 되기에 표정이 밝은 본인 사진으로 프로필 설정 꼭 하셔서 계정 주인의 인간적인 매력을 최대한 표현하시길 바랍니다.

2. 소개내용 / 스토리 하이라이트 설정

인친들이 나의 계정에 들어왔을 때 제일 먼저 보게 되는 것이 바로 프로필 사진, 하단 설명란, 스토리 하이라이트, 이 세 가지입니다.

이 세 가지는 매번 수정하는 것이 아니기에 처음 세팅을 하실 때 상단 체크포인트 내용을 염두에 두고 설정하면 좋습니다.

♥ 소개내용

프로필 사진 바로 아래는 이름 설정이 있습니다.

아이디는 영문만 가능하지만 이름 설정은 한글로 하는 것을 추천해 드립니다. 검색창에 인물을 검색할 때 한글로 하는 경우가 많기 때문입니다. 영문 아이디와 같게 영문을 쓰신다거나 이모티콘만 쓰시는 경우는 검색으로 찾기 힘듭니다.

 한글 이름은 꼭 본명을 설정하지 않으셔도 됩니다. 기억에 남는 한글 이름으로 가입하셔서 인친들이 나를 불러 줄 때 아이디와 이름이 동시에 기억나도록 합니다.
 저자는 아이디는 sebom_ceo 이름은 문새봄대표 ㈜바디멜로디 인스타 SNS 릴스 강사로 설정했습니다. 앞서 말씀드린 대로 이름 부분이 검색에 반영이 되기 때문에 이름과 함께 회사 이름, 강의 이름을 적으면 많은 기억하기에도 쉽고 업무적으로도 편하게 컨택을 받을 수 있습니다.

 비즈니스 계정으로 전환하게 되면 카테고리를 설정하실 수 있습니다. 상세하게 분야가 나누어져 있고 선택이 끝나면 이름 아래 직접 선택한 카테고리가 뜹니다. 그리고 이메일, 연락처 설정을 통해 다른 사람들이 계정 주와 쉽게 컨택할 수 있습니다.

 기업에서는 기업문화를 나타내는 캐치프레이즈가 있습니다.
성공을 꿈꾸는 독자 여러분들이 이미 1인 기업입니다. 본인이 평소 생각하는 좌우명이나 나만의 캐치프레이즈를 정하여 프로필에 적어주세요, 인친들이 보았을 때 '이 사람은 이런 마인드로 살아왔구나 혹은 앞으로 살아가려하는구나' 라고 알 수 있도록 말이죠.

이모티콘도 적극적으로 활용해 메인 콘텐츠를 부각해 주세요
사이드 콘텐츠나 사소한 취향도 적어놓으면 이에 동질감을 느껴 선
팔하는 분도 계십니다. 다만 글의 길이가 길어지면 더보기를 눌러
야 나머지 내용을 볼 수 있기에 캐치프레이즈와 나의 메인 콘텐츠
를 제일 앞쪽에 적어주세요. 모든 사람이 더보기를 누르는 것이 아
니므로 꼭 드러내고 싶은 부분은 더보기 누르지를 않아도 볼 수 있
는 앞쪽에 배치하는 게 좋겠죠.

▲ 스토리 하이라이트 설정
❶ '+' 아이콘 터치 ❷ 스토리 하이라이트 클릭

스토리 하이라이트는 계정 정중앙에 표시되고 24시간이 지나면 사라지는 스토리와 다르게 고정되어 있습니다. 설정하는 방법은 아래와 같습니다. 1. 메인화면 우측 상단 '+'아이콘 터치 2. '스토리 하이라이트'를 터치하면 됩니다.

설정은 여러 개 할 수 있지만 새로운 하이라이트를 설정할 때마다 기존 하이라이트가 뒤로 밀리므로 인친들이 하이라이트를 못 보고 지나칠 수 있습니다. 중요한 메인 콘텐츠를 제일 마지막에 설정하여 왼쪽 상단에 표시 되게 하시면 좋습니다.

예를 들어 육아 맘 계정에서 요리가 메인 콘텐츠, 사이드 콘텐츠가 다이어트라면 1.운동라이프 2.오운완13)공유 3.다이어트레시피 4.홈밥레시피 순서대로 설정하시면 됩니다.

설정한 이미지대로 커버 사진이 씌워지는데 프로필의 톤 앤드 매너를 통일성 있게 유지하기 위해 메인 컬러 이미지로 덮어주어 고급스럽게 꾸미시면 좋습니다.

---

13) 오늘의 운동 완료

3. 링크모음 사이트

 인스타그램은 다른 SNS와는 달리 피드에 링크 주소를 넣어도 클릭이 활성화되는 바로 가기가 적용되지 않습니다. 피드에 유료로 설정을 해야만 링크 바로 가기가 활성화됩니다.

 유튜브와 블로그 인스타그램 틱톡 밴드 등 운영하는 계정의 링크들을 하나로 모아 링크 모음집을 만들어 프로필에 올려놓으면 인친들이 손쉽게 본인의 다른 SNS에 대한 접근성을 높일 수 있습니다. 이 또한 한 번만 세팅하게 되면 쭉 쓰는 것이므로 처음 프로필 세팅할 때 설정해두는 것을 추천해 드립니다.

 활용법은 관련 홍보 피드를 작성하고 '신청은 프로필 상단 링크로'라고 기재하면 됩니다. 이렇게 링크 모음집을 누르게 되면 다른 링크들도 보게 됩니다. 링크 속에 독자분들의 메인 콘텐츠가 한눈에 들어오도록 설정해두세요.

 링크 모음집은 다양한 사이트가 있습니다. 저자는 그중에 리틀리를 사용 중입니다. 리틀리는 앱을 다운받을 필요가 없고 pc뿐아니라 모바일에서도 가능하기 때문에 편리합니다. 또한, 컬러를 정해서 개성 있는 페이지를 꾸밀 수 있고 사진을 첨부하여 강조하고 싶은 카테고리를 강력하게 어필할 수 있어서 만족하며 사용하고 있습니다.

❶ 프로필 사진 - 인물이 강조되는 고화질 상반신 사진

❷ 팔로워(follower) - 나를 친구 추가한 사람

❸ 팔로잉(following) - 내가 추가한 사람

❹ 이름 - 검색이 쉬운 워드로 설정

❺ 프로페셔널 계정으로 전환하면 설정 가능

❻ 좌우명이나 캐치프레이즈

❼ 링크를 여러 개 넣을 수 있는 멀티링크

❽ 스토리 하이라이트 - 나의 주력 콘텐츠 노출

❾ 릴스만 볼 수 있는 릴스 탭

❿ 나를 태그한 피드를 볼 수 있는 태그 탭

02 콘텐츠 흥행공식

#이정재 #내가인플루언서가될상인가

Check Point!!

△ '이! 정! 재!' 만 기억하세요

△ 이! 감정이입

△ 정! 정보제공

△ 재! 재미

인스타그램을 처음 시작할 때를 거슬러 올라가 보면 "뭘 찍지? 뭐라고 올리지?" 이런 고민이 많았습니다.

저자가 인스타그램 콘텐츠 흥행하는 법을 공식처럼 외우기 쉽게 알려드리겠습니다. 바로 '이! 정! 재!' 이 세 가지만 집중해주신다면 같은 노력으로도 큰 효과를 보실 수 있을 것입니다.

이정재에서의
'이'는 '감정이입'
'정'은 '정보제공'
'재'는 '재미'입니다.

메인 콘텐츠를 정하셨다면 감정이입, 정보, 재미 중 한두 가지 요소를 넣어서 기획하시면 됩니다. 인스타그램 구성 사진, 글, 영상 중 자신 있는 분야와 이정재를 접목해보세요.

흥행공식에 맞게 잘 기획된 예시들을 함께 살펴보겠습니다.

♥ 감정이입이 되는 콘텐츠

일상에서 흔히 접할 수 있는 상황에서의 다양한 장면과 다양한 표정이 이에 해당합니다. 다음의 사진, 글, 영상을 보면 쉽게 이해할 것입니다.

▲ 사진. 표정이 다양한 사진　　▲ 글. 공감되는 솔직한 심정

▲ 영상.

　　누구나 공감할만한 콘텐츠

♥ 정보제공

　예전엔 포털에서 주로 정보를 검색했다고 하면 요즘은 인스타그램을 통해 생생한 정보를 얻을 수 있습니다. 태그검색으로 많은 정보를 제공할 수도 받을 수도 있는데요. 맛집, 힙한 카페, 캠핑, 차박 등 트렌드에 적합한 키워드와 그에 적절한 정보를 제공하면 훌륭한 피드를 완성할 수 있습니다.

▲ 카드뉴스 형식의 정보 요약　　　▲ 상세한 정보제공

▲ 엑셀 단축키 사용법

♥ 재미

　재미도 중요한 피드의 한 요소 중 하나입니다.

일상에서 있었던 소소한 에피소드들이나 멋있고 우아하게 보이려
했던 사진인데 순간포착은 시궁창인 컷들도 많습니다. 이런 컷들이
사람의 마음의 벽을 내리게끔 하고 웃음을 자아내는 거겠죠. 재미
난 컷들과 에피소드들로 피드를 채워보세요.

A 사진 / B 글

▲ 폴댄스 중 폴에 낀 듯한 사진　　▲ 여행지에서 열차를 못 탄 상황

C 영상

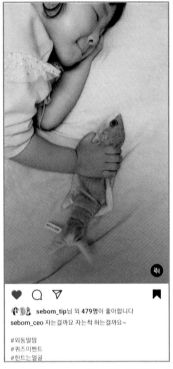

▲ 팔딱대는 물고기를 들고 자는 척 웃음을 참고 있는 영상

03 글 잘 쓰는 노하우

#댓글부자되는법 #눈에쏙쏙_가독성좋은글

Check Point!!
△ 이!(감정'이'입) 도전, 성장 과정, 감동을 포함한 글쓰기
△ 정!('정'보제공) 사진의 상세한 설명을 통해 정보를 주는 글쓰기
△ 재!('재'미) 유행어, 밈, 일상공감, 대화 내용 등 재미있는 글쓰기

1. 친한 외국인 친구에게 카톡 하듯 생각하고 써보세요

한국에 거주하지만, 대화에 익숙하지 못한 외국인 친구에게 카카오톡으로 미팅 장소를 안내해야 하는 상황이라면? 어려운 높임말은 빼고 최대한 간결하게 포인트를 살려서 카톡 내용을 작성하겠지요.

♥ 글 잘 쓰는 첫 번째!

간결하게 포인트를 살려 가독성을 높여주는 것입니다. 그렇다고 혼잣말처럼 시크하게 쓰시는 것이 아닌 친구에게 안녕? 인사 후 밥은 먹었어? 오늘 기분은 어때? 등의 소통을 하며 글을 쓰세요. 댓글 없는 피드를 보면 해시태그 몇 개와 한 문장으로 되어있는 경우가 많습니다.

이렇게 외국인 친구라고 상상하며 글을 써야 하는 이유는 인친들이 생각보다 나의 긴 글을 꼼꼼하게 정독하여 준다거나, 아주 짧은 본문에 내용을 덧붙여서 댓글을 써주지 못한다는 것입니다. 역으로 나는 다른 인친의 어떤 피드에 글을 자세하게 읽거나 댓글을 쓰는지 생각해 보세요. 앞뒤 맥락 없이 예쁜 레스토랑의 음식 사진에 친절하게 "정말 좋은 곳을 다녀오셨군요!" 하며 말을 이어갈 사람이 몇 명이나 될까요? 팬심으로 몇 번 반응해 줄 수도 있겠지만 계속되는 단답형 글에는 찐 소통을 하기가 어렵습니다.

제 계정의 특징은 댓글 수가 많은 것입니다. 댓글이 많다는 것은 계정의 체류 시간[14])이 길다는 의미입니다. 아무래도 사진을 보고 글을 읽고 댓글까지 달려면 시간이 소요되고, 대댓글까지 다시 달려 재방문한다면 내 계정에서의 머무는 시간은 더욱 늘어납니다.

사진이 아무리 예쁘고 영상이 아무리 재미있어도 잘 쓴 글이 없다면 댓글이 달리지 않습니다. 안부 인사를 가볍게 하신 후에 다정하게 구어체로 말하듯 글을 쓰면서 댓글 부자가 되어보세요!

▲ Bad 메모장처럼 단어나열   ▲ Good 대화하듯 친근한 말투

---

14) 인친들이 내 피드를 보며 머무는 시간

2. 표정이 가득한 글쓰기

인스타그램에서는 인물 중심의 콘텐츠가 사랑받기에 글쓰기 역시 사람 냄새가 가득하도록 글의 표정을 다양하게 해주셔야 합니다. 글을 읽었을 때 계정 주인의 표정이나 감정이 느껴지도록 생생히 표현하고 이모티콘을 넣어 글에 생동감을 불어 넣어주세요. 혼잣말을 쓰시더라도 감정이 잘 표현되었다면 '이!정!재!' 중 첫 번째 감정 이입글에 해당합니다.

이모티콘은 익숙해지기 전에는 다양한 아이콘을 찾기가 번거롭고 시간이 소요됩니다. 이때 빠르게 이모티콘을 찾는 팁으로는 #을 누르신 후 찾는 이모티콘 단어를 입력하면 하단에 자동입력된 태그들이 뜹니다. 원하는 이모티콘을 선택하시고 #을 지워버리면 됩니다. 이렇게 몇 번 하다 보면 인스타그램에서 많이 사용하는 이모티콘이 자주 쓰는 이모티콘에 입력되어 빠르게 업로드할 수 있습니다.

▲ #독서로 검색한 다음 원하는 이모티콘을 선택 후 나머지를 삭제

3. 해시태그와 호기심을 활용한 가독성 높이는 법

인스타그램에서는 #을 붙여 태그를 완성하면 파란색으로 글자색이 변합니다. 포인트 되는 키워드에는 #을 붙여서 글을 써보세요. 이렇게 글을 쓰면 하단에 해시태그가 너무 많이 나와서 피드가 산만해지는 것도 막을 수 있습니다. 미리 글 속에 태그를 넣어 키워드를 강조해서 눈에 확 띄게 글을 써보세요. 외국인 친구가 단어를 잘 몰라 글을 잘 못 읽는다면 최대한 비언어적인 이모티콘 사용 핵심 단어에 형광펜으로 표시를 해주면서 글을 알려주겠죠.

sebom_ceo 힘이 필요하면
힘이나는 음식을 맛있게 먹고
맛깔나게 강의하면되죵😊
먹기위해 합리화

눈뜨자마자는
#빵순이
그리고#커피수혈☕
오후👆꼬수운메뉴
저녁👆매코미 먹어주고 서터레스
빠이 해주기!

봄봄님들의
식사 루틴?이 궁금하네요
저만 이렇게 유난떨면서
다양하게 먹나요?
#앵겔지수폭발🍗
#행복지수상승🍙
서터레스풀리는 음식 추천해주세요🙏
사진보니 엄지네 또먹고품요
엄지네 소개해준
절친 여성사업가👆@saladschool_
천대표님 샐러드 사업하시는데
만나면 맵단맵단 달리는
인간적인 우리😋

▲ 서론 본론 결론을 나누어 작성
   서론 : 사진 영상 관련
   본론 : 강조/홍보하고 싶은 글
   결론 : 질문/행동 유도

제 피드 예시를 보시면 총 세 파트로 나누어서 글을 작성합니다. 이중 가장 중요한 파트는 파트 1입니다! 인스타그램은 사진이 메인인 SNS이기 때문에 사진의 첫 페이지가 노출되고 글은 첫 문장 일부만 보여줍니다. 더 보고 싶은 이용자가 더보기를 누르면 뒷부분의 글을 펼쳐보기로 다 볼 수 있게 됩니다. 첫 문장을 보고 더보기를 누를지 말지 정하기 때문에 초반 문장이 중요합니다. 대부분은 더보기를 누르지 않고 스크롤 해버리기 때문에 첫 문장에는 굉장히 감정을 과장되어 표현하거나 궁금증이 생기는 문장을 사용합니다.

첫 문장에서는 도치법을 적절히 사용하면 좋습니다. 문장의 순서를 바꿔서 감정을 더욱 극적으로 표현할 수 있기에 더보기를 누를 확률이 높아집니다.

▲ 도치법을 이용한 궁금증 유발

▲ 더보기를 누르게 하는 궁금한 글쓰기

저자는 촬영 목적으로 핸드폰을 2개 사용 중인데 한 계정은 전에 사용했던 사람이 투자사이트에 가입해둬서 투자 광고문자가 정말 많이 옵니다. 광고문자가 오면 앞부분만 봐도 나에게 온 메시지가 아니라는 것을 알 수 있는데 가끔 착각해서 눌러보는 경우도 거의 도치법을 사용한 감정표현 글입니다. 광고문자도 눌러보게끔 호기심을 유발하는 도치법! 한 번씩 사용해주면 좋겠죠!?

습관적으로 글 쓰실 때 #첫줄반사 #첫줄빠이처럼 의미 없는 태그를 사용하시나요?

수많은 계정이 쏟아지듯 디바이스에 나타나는데 인친들은 모든 글을 다 볼 수 없습니다. 아무리 잘 쓴 글도 인친이 보지 못한다면 소용없습니다. 첫 줄에 승부를 걸어서 더보기를 누르도록 유도해보세요!

04 인스타 감성 사진 찍는 법

#꾸안꾸15) #느낌있는사진

Check Point!!

△ 이!(감정이입) 감동적인 장면, 정말 맛있게 먹는 표정

△ 정!(정보제공) 핫플레이스, 인테리어, 카드뉴스 형식 콘텐츠

△ 재!(재미) 유행하는 아이템을 이용한 가족사진

---

15) 꾸민 듯 안 꾸민 듯 꾸민

1. 기본 카메라로 선명하게 찍는 기본 설정

 저자는 모든 사진과 영상을 기본 카메라로 찍습니다!
 그 이유는 높은 화소로 선명하고 깔끔한 콘텐츠 제작을 하기 위해
서입니다. 보정 앱으로 촬영을 하게 되면 화소가 낮거나 과한 보정
의 흔한 사진이 될 가능성이 큽니다. 기본 카메라로 촬영 후 보정
앱으로 보정을 해야 화소 높은 선명한 사진을 얻을 수 있습니다.

 번거롭고 귀찮다고 생각이 드나요? '작은 차이가 명품을 만든다'라
는 말이 있죠. 모든 콘텐츠를 매번 보정 앱을 사용하는 것이 아닌
메인 콘텐츠에 특별하게 공을 들이시면 됩니다. 원본이 좋아야 보
정에 드는 노력도 줄일 수 있습니다.

 보정 앱을 사용할 시간이 없으시다면 뒷부분에 인스타그램 앱에서
보정을 간단하게 하는 방법을 알려드릴게요. 대신 촬영은 꼭 기본
카메라로 하셔야 보정을 해도 사진의 퀄리티가 높아집니다.
먼저 기본 카메라 설정을 체크하고 촬영해보겠습니다.

수직 수평선을 미리 설정해두면 피사체를 카메라에 담을 때 구도를 잡기 쉽고 기울어지지 않게 수평을 잡는 데 도움이 됩니다. 특히 세로 사진이나 영상의 경우 조금만 기울어져도 컷이 이쁘지 않거나 불안정해 보이는 영상이 됩니다. 인스타그램의 대부분 영상이나 사진이 세로 컷임을 떠올려 본다면 수직 수평을 맞추는 게 매우 중요하다는 것을 알 수 있을 것입니다.

▲ 카메라 아이콘 - 설정 - 수직 수평 안내선 활성화

예전에 여러분들 어린아이 시절 사진 촬영법을 처음 부모님께
배우셨을 때 어떠셨나요? 카메라의 정중앙에 사람이 오게 한 다음
적당히 발아래를 전체의 1/4~1/5 정도로 띄우라고 배우셨을
것입니다. 인스타그램에서는 그런 구도 잠시 내려두셔도 됩니다. 세로
샷이 대부분인 인스타그램에서는 격자 선을 켜시고 격자 선의 교점
부근에 피사체를 두고 사진에 담아보세요. 그러면 적당한 여백과 함께
감각적인 구도와 함께 시원한 세로 샷의 장점을 살릴 수 있을
것입니다.

▲ 격자 선이 만나는 곳에 피사체를 두고 배경 여백을 살린다

촬영 설정 시 화면비율은 꽉 찬 화면의 매력을 살리기 위해 9:16
의 비율로 설정하는 것이 좋습니다. 카메라 기본 앱에서 화면비율
로 들어가 가로세로 비율을 9:16으로 설정해주세요!

▲ 카메라 아이콘 - 비율설정-9:16

그리고 9:16의 비율로 촬영 후 업로드 시 한 번 터치하면 사진을 세로로 올릴 수 있습니다. 그런데 한 피드에 사진을 여러 장 올리면 사진의 비율이 제각각이어서 비율이 모두 다르다면 9:16 비율이 다른 사진들에겐 적용되지 않습니다. 특이한 구도나 배경을 담는 게 아니라면 가능하면 사진과 영상 모두 9:16의 비율로 설정하신 후 치수를 통일해서 올리는 것이 매우 중요합니다.

▲ ❶ 터치하면 1:1에서 9:16으로 비율변경
❷ 터치하면 한 번에 최대 10장까지 사진선택 가능

인물 사진을 촬영할 땐 사람을 정중앙에 배열하고 배경을 많이 남기게 되면 증명사진처럼 나와 사진이 단조롭고 하단의 바닥이 1/3을 차지하여 버려지는 부분이 많습니다.

발끝 아래에 약간의 공간만 남기고 피사체를 사진에 담으면 인물이 강조되고 뒤의 배경도 조화롭게 전체적인 구도가 안정감을 가지게 됩니다.

▲ 정중앙에 인물을 담은 컷   ▲ 하단에 약간의 공간만 남긴 컷

이제 막 인스타그램을 시작하는 분들이 가장 많이 하는 실수가 가로 컷을 주로 쓴다는 것인데요. 인스타그램의 사용자는 많은 경우 PC 버전보다는 휴대전화로 앱을 활용하고 있습니다. 가로로 촬영한 사진을 휴대폰 화면으로 보면 핸드폰의 1/3~1/2 정도의 크기로만 사진이 노출되기 때문에 갑갑해 보이고 피드의 매력을 어필하기 힘듭니다.

가로보다 세로 컷을 활용하면 자연스레 배경도 담기기에 꾸민 듯 안 꾸민 듯 느낌 있는 연출이 가능해집니다.

▲ 답답한 느낌의 가로 컷　　▲ 배경 활용이 가능한 세로 컷

2. 어디서? 어떻게 찍지?

다들 아시는 조명 역시 매우 중요한데요.

어두운 곳에서는 색감이 드러나지 않고 사진이 칙칙하게 나옵니다. 인물은 특히 더욱 조명의 영향을 많이 받기 때문에 자연광이 있는 곳에서 찍으면 좋습니다. 집에서 촬영할 때에도 자연광이 들어오는 시간대와 장소를 파악하면 더욱 예쁜 사진 촬영이 가능합니다. 자연광이 중요한 이유는 평면적인 느낌의 사진을 더욱 입체감 있게 표현해주어 사진의 깊이와 퀄리티가 높아집니다.

▲ 자연광이 없을 때의 촬영　　▲ 충분한 자연광에서의 촬영

자연광 및 조명이 충분한 장소를 찾으셨다면 촬영 세팅을 해보겠습니다. 오브제 촬영 시 배경에 이것저것 물건이 많으면 시선이 분산되어 찍으려는 대상에 집중도가 떨어집니다. 최대한 깔끔한 배경을 찾아서 세팅합니다.

▲ 정돈되지 않은 배경   ▲ 배경을 최소화한 근접 샷

배경을 정리하기 힘든 상황이라면 확대를 이용하여 근접 샷으로 음식의 질감과 컬러를 표현한 사진을 담아도 좋습니다. 동영상은 화면이 전환되기 때문에 배경에 물건들이 나와도 되지만 사진은 꼭 찍으려는 대상 주변의 배경까지 고려해서 촬영해야 퀄리티가 높아집니다.

촬영 세팅하실 때는 질감이 다르고 크기가 다른 인테리어 소품을 사용하면 감각적인 촬영이 가능합니다. 이때 원형의 소품이나 피사체가 사람에게 안정감을 주는 효과가 있어 동그란 물건들을 괜찮은 배경과 함께 촬영한다면 좋은 결과물을 얻을 수 있을 것입니다.

▲ 자연광과 둥근 피사체, 그리고 배경

소품 촬영 시 바닥이나 배경이 평범하다면 벌룬 소매 블라우스를 토시처럼 껴서 손목까지 촬영해 줍니다. 손목의 여리여리함과 풍성한 느낌을 주어 소품을 더욱 돋보이게 합니다. 저자는 손목이 레이스, 벌룬 스타일로 되어있는 블라우스를 색상별로 소장하여 소품 촬영 시 사용합니다.

저자가 캔들 공방을 운영했을 때 제품 사진을 찍다 보니 높이와 크기가 서로 다른 제품들끼리 모아놓으면 꽤 괜찮은 사진이 나온다는 것을 알게 되었습니다. 반면 크기와 모양이 비슷한 작품들을 한 컷에 다 담게 되면 임팩트도 약하고 오브제 개별의 특징도 살리지 못한 결과물이 됩니다. 비슷한 제품을 찍을 땐 가지런히 배열하기 보단 주변 다른 배경이나 오브제를 활용하여 높낮이 차를 두고 촬영하면 더 나은 결과물을 얻을 수 있습니다.

▲ Bad. 비슷한 오브제를 나란히 촬영
Good. 크기와 모양이 다양한 오브제를 활용

한 사진에 전부 다 담으려고 하면 대상 하나하나의 임팩트가 반감 됩니다. 10장의 사진을 올릴 수 있는 인스타그램 특성상 한 부분을 유별나게 강조하고 싶을 때는 포인트 되는 부분을 크롭(crop)[16]해

---

16) 대상을 돋보이게 하려고 이미지 바깥 부분을 제외하는 작업

서 확대하여 일부분만 찍어줍니다.

 사물 촬영할 시 메인이 되는 사물의 느낌을 좀 더 살리고 싶다면
배경에 다양한 소재와 질감을 활용해 다채로운 느낌을 줄 수 있습
니다. 아래처럼 사물 촬영 시 앵두의 반질반질함을 돋보이게 하려
고 손 위에 올리고 배경에 벨벳을 배치했습니다. 톤이 다운된 배경
으로 인해 앵두의 질감이 더 강조되겠죠.

▲ 손과 벨벳 느낌의 치마를 활용해
앵두의 질감을 강조

누구나 예측할 수 있는 중복되는 부분은 크롭해서 비밀스럽게 일부분만 보여주는 촬영법을 시도해보세요. 이를 음식 사진에 적용해본다면 정중앙 음식이 모두 오는 것보다 크롭을 활용해서 더욱 감각적인 사진을 건질 수 있습니다.

▲ 전체 컷보다는 일부만 보여주는 크롭 활용

샌드위치만 올리는 것보다 샌드위치를 먹는 나를 강조하고 싶다면 손끝이 살짝 나오게 촬영하는 것이 좋습니다. 이때 손을 크게 촬영하기보다 손가락 끝만 살짝 나오도록 하면 좋습니다. 손 주변에 팔찌나 블라우스 등 사진에 없는 컬러와 소재가 살짝 나와주면 더 풍성한 느낌의 사진이 완성됩니다.

 배경이 흐리게 처리된 것처럼 희미해지는 인물사진 모드를 상황에 맞게 사용하시면 평면적인 사진을 더욱 입체감 있고 깔끔해 보이게 할 수 있습니다. 배경이 여러 가지 요소로 가득 차 있는데 그것들을 정리할 수 없을 때, 사람들이 많아서 배경으로 모두 나오는데 항공 샷으로는 부족할 때, 기본 카메라에 인물 모드로 촬영하고 초점을 맞춰주세요. 간혹 정말 전망이 좋은 곳에 가서 습관적으로 인물 모드로 배경을 날리시는 분이 계신데 상황에 맞게 다양한 촬영법을 이용하여 찍어보세요.

▲ 배경이 흔한 프랜차이즈에서 인물 사진 모드로 흐릿하게 촬영

3. 찍는 자세

♥ 수직 수평 맞추기

수직 수평 활성화가 된 상태로 촬영을 시작해보겠습니다. 기본적으로 이 선에 맞춰서 평행하게 찍어주셔야 안정감 있는 사진이 완성됩니다. 사선으로 촬영 시 불안한 구도로 안정감 없는 인물사진이 됩니다. 격자 선을 통해 최대한 수직 수평을 정렬해서 촬영에 익숙해진 다음 다양한 각도로 촬영을 시도해보세요

▲ 사선으로 사진 촬영　　▲ 수직 수평이 맞는 구도

인스타그램 앱에서 업로드 전 '수정 – 조정'을 누르면 수직 수평을 맞출 수 있습니다. 원본에서 이미 수직 수평이 잘 맞춰진 사진을 약간의 조정으로 맞추는 것은 가능하지만, 초안에서 이미 구도가 틀어져 있다면 조정이 어렵습니다. 저자는 업로드 전 미세하게 기울어진 사진은 꼭 조정 탭에서 수직 수평을 맞춘 후 업로드합니다.

▲ 기울어진 사진　　　　▲ 조정 탭에서 수평 조정

♥ 배경 선택하기

사람이 너무 많거나 지저분한 물건이 많다면 장소를 옮기는 게 좋겠죠. 배경처리가 중요한 이유는 배경이 정돈되면 시선이 분산되지 않고 대상에만 집중할 수 있기 때문입니다. 인물사진일 경우에는 때에 따라 주변에 있는 사람들을 모자이크하거나 배경을 일부 잘라야 하기에 전체적인 구도도 바뀌게 되어 사진을 못 쓸 확률이 높아집니다.

사진을 여러 장 찍어서 결국 올릴만한 사진을 못 건지게 되면 능률이 떨어집니다. 기본적인 세팅을 잘 끝내시고 배경선택을 잘 하시면 몇 컷만 찍으셔도 감각적인 사진을 찍으실 수 있습니다.

▲ 인물과 배경이 잘 어우러진 컷

♥ 찍는 포즈

 초보 분들이 사진 찍을 때 앉은 자리에서 핸드폰을 들어 눈으로 보는 그대로 사선으로 사진을 촬영하시는 경우가 많습니다. 이러면 보는 이로 하여금 색다른 느낌이 아닌 눈으로 매일 보는 일상이 그대로 담겨있어 흔한 사진으로 느껴지게 됩니다. 항상 핸드폰은 수직 수평을 맞추기 위해 눕히는 것이 아닌 평행하게 세워서 촬영합니다. 인물 사진 촬영 시엔 눕히는 것이 아닌 뒤로 젖히는 방법으로 촬영을 하면 다리가 길어 보이게 촬영할 수 있습니다.

▲ Bad. 좌/가슴 위에서 촬영. 우/무릎 아래에서 촬영.

▲ Good. 배꼽 높이에서 촬영

▲ Bad 카메라 각도 vs Good 카메라 각도

배꼽 가까이 카메라를 기울이고 촬영을 하면 화면 액정이 잘 안 보여서 턱을 눌러 턱이 두 개가 되어 화면을 보게 됩니다. 저자는 스쿼트를 하듯 무릎을 구부리고 화면을 보거나 구도 위주로 확인하고 촬영 버튼을 누릅니다.

 장소에 따라 다르겠지만 카페에서 촬영할 때에 자연광이 있는 곳의 원형 테이블에서 항공 샷을 주로 찍는 편입니다. 가까이 꽉 채운 사진을 찍어야 하기에 앉아서 측면을 찍거나 서서 무릎을 굽히고 촬영합니다.

▲ 항공 샷 촬영 시 테이블 높이에 따라
다리를 오픈해서 높이 조절을 하여 촬영

이때 전 그립톡이라는 핸드폰 뒤에 붙이는 제품을 이용하고 있습니다. 아무래도 손가락 사이에 그립톡을 걸어서 촬영하다 보면 촬영 시 휴대폰을 흘릴 리 없이 안정적으로 찍히기 때문에 다양한 구도와 촬영 각을 시도할 수 있습니다.

▲ 그립톡을 붙이고 한 손으로 촬영하는 모습

4. 포즈 취하기

모델이 되었을 때의 핵심은 자연스러운 포즈 취하기입니다.
포즈가 어색하다면 핸드폰을 보거나 음료를 마시면서 자세를 잡아
봅니다. 이때 핸드폰을 보는 척만 하는 것이 아니라 진짜 핸드폰으
로 음식을 촬영하는 모습을 촬영하면 자연스럽습니다. 음료도 먹는
척이 아니라 진짜 맛있게 드시면 자연스러운 느낌이 표현됩니다.
가짜는 진짜를 이길 수가 없기에 웃는 포즈를 취할 때 저자는 정말
소리를 까르르 내면서 잇몸이 보이게 웃거나 눈주름이 지도록 웃습
니다.

▲ 네 살인 아이가 찍어준 컷
다양한 포즈와 자연스러운 표정

▲ Bad vs Good 의자에 앉아서 정면촬영 시

의자에 앉아서 촬영 시 의자에 편하게 앉는 것이 아닌 의자 끝에
걸쳐 앉아서 포즈를 취하면 다리를 더 자유롭게 움직일 수 있고
비율도 좋아 보입니다.

의자에서는 보통 다리를 꼬는 포즈를 취할 때가 많은데, 이런
측면 샷은 카메라와 가까이 있는 다리를 위로 얹어 꼬아주면
좋습니다. 아래에서 좌측사진의 Bad 예처럼 멀리 있는 다리를 위로
얹게 되면 하체가 짧고 과도하게 튼튼해 보일 수 있으므로 촬영지점과
가까운 다리를 먼 다리 위로 얹어 촬영하는 것을 추천합니다.

▲ 다리를 꼰 컷 촬영 시 Bad vs Good

▲ 스탠딩 포즈 촬영 시 Bad vs Good

서 있는 포즈로 촬영 시 정직한 차렷 자세보단 한쪽 다리를
내밀고 음료를 한 손에 들어 시선 분산 효과를 줍니다

셀카보다 셀카를 찍고 있는 모습을 촬영할 땐 배경과 분위기를
함께 담을 수 있기에 저자는 때론 셀카를 찍는 모습을 찍어달라고
부탁합니다. 누가 봐도 셀카인 줄 알 수 있는 사진이지만 이런
연출을 통해 때론 유쾌하고 감각적인 촬영물을 얻을 수 있습니다.

▲ 셀카 포즈 Bad vs Good

05 감성 사진 보정 레시피

#꾸안꾸스타일 #무심한컨셉 #여리여리한느낌

Check Point!!

△ 원하는 감성 사진을 스크린샷/저장으로 스크랩해두세요

△ 보정법은 처음에 복잡해 보이지만 손에 익으면 3초 컷

△ 힙한 장소에 가면 감성 사진들을 많이 찍어두고 저장해두세요

1. 9등신을 만드는 인물 보정법

△ 얼굴 보정 - 메이튜 앱
△ 몸매 보정 - 스냅시드 앱

저자는 사진 촬영 시 앱을 사용해서 찍기보단 기본 후면 카메라를 이용해 촬영합니다. 인플루언서가 되기 전에는 보정 앱을 사용한 셀카를 많이 찍었습니다. 그러나 자연스럽고 숨김없는 콘셉트를 지향하는 저자의 계정과 맞지 않는 옷이라는 판단이 들었습니다. 물론 기본 카메라로 촬영을 하면 얼굴에 잡티도 많이 보이고 비율도 현실적이라서 너무 심한 날에는 앱으로 보정을 합니다.

그러면 손쉽게 보정할 수 있는 앱을 한번 알아보겠습니다. 얼굴 보정엔 인물 중심의 '메이튜'란 어플을 쓰고 있고, 몸매 보정엔 '스냅시드'란 어플이 사용이 용이해서 간편하게 쓰고 있습니다.

저자는 거울 셀카 위주로 촬영을 하기에 얼굴을 하나하나 보정하는 것은 하지 않습니다. 대신 '메이튜' 어플에 '꾸미기 - 얼굴 크기 - 줄이기'를 사용하면 이목구비는 건드리지 않고 얼굴의 크기만 살짝 줄여서 자연스러운 보정을 합니다. 보정 앱이 부자연스러운 이유는 얼굴도 갸름하게 만드는데 눈도 커지고 코도 높아지기 때문인데 이를 최소화하기 위함입니다.

▲ **❶** 사진선택 **❷** 꾸미기 **❸** 머리 크기 조정

메이크업이 잘 되어 얼굴 크기를 줄이지 않아도 될 때는 '스냅 시드' 앱의 원근 왜곡을 이용하여 비율을 좋게 만들 수 있습니다. 이 방법은 자연스럽게 몸매 보정도 되어 얼굴 크기도 작아 보이는 효과가 있습니다.

▲ 스냅시드 앱 부분 보정 후 보정하고 싶은 부분 터치
영역이 지정되면 좌우로 조정

　다만 과한 보정은 인물의 매력도를 낮춥니다. 보정 앱이 보편화되어 보정을 했다는 느낌이 사진에서 난다면 흔한 사진이 되기 쉽습니다. 인스타그램에서 계정은 다르지만, 너무나도 닮은 사람을 많이 보셨을 텐데 과한 보정을 하면 자신만의 개성을 잃어버릴 수 있으니 자연스러운 범위 내에서 사용하면 좋겠죠.

2. 눈길을 사로잡는 음식과 사물 찍는 법

음식 사진 보정은 '스냅시드' 앱의 '도구 – 분위기 높이기'로 먹음 직스럽게 색감 보정을 합니다. 분위기를 터치 후 우측 스크롤을 하면 음식의 색감이 더욱 선명해지면서 현장에서 보는 것 같은 느낌을 줄 수 있습니다.

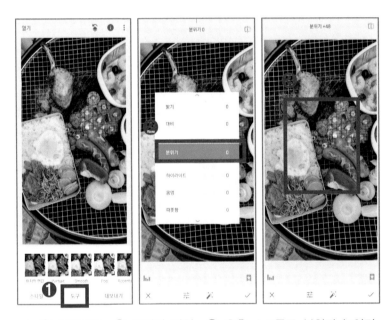

▲ ❶ 도구터치 ❷ 분위기 터치 ❸ 우측 스크롤로 분위기 높이기

3. 감성 사진 보정 레시피

그렇다면 촬영 장소는 어디가 좋을까요?
어느 동네에나 있는 카페 체인이나 음식점에서의 촬영은 신선함을 주기 힘들겠죠. 개인 점주가 차별화된 메뉴와 인테리어로 운영하는 곳에서 촬영하면 오직 그곳에서만 찍을 수 있는 사진을 얻을 수 있습니다.

저자는 촬영 장소 검색 시 네이버보다는 인스타그램에서 검색하여 인스타그래머들에게 인기 있는 샵을 선정하여 방문합니다. 블로그에 많이 나와 있는 곳보다 숨은 맛집, 신생 카페를 주로 방문합니다. 방문 전 미리 샵 분위기나 포토존을 보고 갈 수 있어서 촬영 콘셉트와 그에 맞는 의상도 미리 생각해두고 준비할 수 있습니다.

촬영 시엔 핸드폰을 두 개 사용하여 촬영하는데 아이폰과 갤럭시를 활용하고 있습니다. 간략한 차이를 말씀드리자면 아이폰은 줌인을 활용하면 질감이 더욱 잘 느껴지게 촬영이 되고, 채도가 더 높고 선명한 사진을 얻고 싶을 땐 갤럭시로 촬영하고 있습니다. 각 휴대폰마다 장점이 있으니 상황에 적절한 촬영 디바이스를 선택하여 사진을 찍는 것을 추천드립니다.

보통 인스타 감성 사진이라고 구글에 검색하면 아래와 같은 사진이 나옵니다.

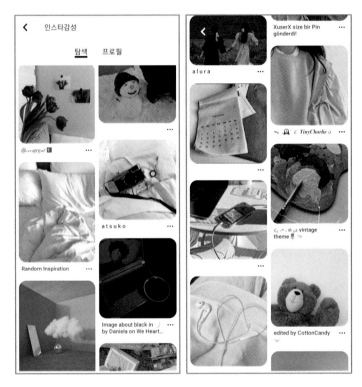

▲ 핀터레스트 앱에서 검색한 인스타그램 감성 사진

핀터레스트 앱을 통해 감성 사진을 보면 많은 사진의 공통점이 있습니다. 대비와 채도가 낮고 원형과 곡선 형태를 띠고 있으며 힘을 풀고 나른한 느낌의 사진이 많은데요. 대비가 낮다는 것은 사진 색감들의 차이가 적다는 것입니다. 채도가 낮다는 것은 선명하고 강렬한 느낌이 아니라 색감이 물 빠진 듯 바랜 느낌을 말합니다. 원형이나 곡선의 형태는 보는 사람을 편안하게 해줍니다. 힘을 툭 뺀 자세나 구도는 사진에 여백을 많이 만들어보는 사람 자신의 감정을 투영할 수 있게 합니다.

사진 자체에서 메시지를 강렬하게 던지기보다 힘을 빼고 여백을 많이 두어 보는 사람 스스로가 감정을 만들어 느낄 수 있는 사진이 인스타그램의 감성 사진에 적합합니다.

스튜디오에서 강렬한 조명에 고화질로 촬영된 가로 사진보다 아이폰으로 늦은 저녁 무드등을 켜고 구겨진 이불 위에 우유 잔과 시집이 촬영된 세로 컷이 인기가 더 많습니다. 비싼 카메라와 조명이 없고 화려한 화장과 의상이 아니어도 오히려 박수받는 콘텐츠를 만들 수 있는 인스타그램! 저자가 인스타그램과 사랑에 빠진 가장 큰 이유이기도 합니다.

06 라이브 방송 활용법

#한층더친근해지는 #시청인원상관없이꾸준하게

Check Point!!

△ 라이브 방송은 격식 있게 해야 한다고 생각하시나요?

△ 말을 못 하니까 라이브 방송은 힘들 것으로 생각하시나요?

△ 자주 할수록 계정 노출이 많이 됩니다!

　라이브 전용 콘텐츠를 만들어도 좋아요

1. 라이브 방송의 장점

라이브 방송을 하게 되면 프로필에 무지개 띠와 라이브라는 글씨가 생성되며 팔로워들에게 라이브 방송 중이라는 알림이 갑니다.

또한, 스토리가 모여있는 상단 가장 앞쪽으로 아이디가 노출됩니다. 모양도 라이브를 하는 것처럼 크기가 커졌다가 작아졌다 움직입니다. 그래서 접속하고 있는 인친들이 라이브 방송을 하고 있는지 쉽게 알 수 있고 한 번씩 들어와 보게 됩니다.

다른 라이브 방송만 전문으로 하는 플랫폼에 비해서 방송 수가 적기 때문에 라이브 방송을 켜기만 해도 계정 홍보에 도움이 됩니다. 또한, 사진과 영상으로만 소통하던 사이에서 라이브로 찐 소통을 하게 되면 더욱 인친과 돈독해지는 계기가 됩니다.

2. 라이브 방송하는 법

라이브 방송을 시작하면 입장한 인친의 아이디와 이름을 불러 주시면 좋습니다. 라이브 방송에서 찐 팬이 되는 경우가 많으므로 한 분 한 분 반겨주신 후에 채팅창을 읽어주시고 답변해주시면 됩니다. 라이브 방송은 오랫동안 시청을 하기보다 들어온 후에 금방 나가는 경우도 많습니다. 상단에 몇 분이 보고 있는지 눈 모양 아이콘으로 숫자가 나옵니다. 처음엔 시청 인원이 적을 수도 있는데 시청 인원이 많이 없다고 생각해서 금방 방송을 종료하시기보다 시간을 정해서 계속 진행을 해보시면 차츰 인원이 점점 늘어납니다.

들어오셨다가 나간 분들이 다시 또 들어오시기 때문에 진행하려는 소통이나 콘텐츠를 차분하게 페이스대로 진행하는 것이 좋습니다. 방송에서는 메인 콘텐츠 관련해서 비하인드 스토리나 찐 사용 후기 등 라이브 방송의 묘미를 살리면 더욱 재미있습니다.

방송 중 주의하실 점은 이야기를 이끌어가되 실시간으로 댓글을 고 그에 대한 대답이나 피드백을 진행하며 채팅창 반응을 살피면서 리액션을 하는 것이 좋습니다. 광고하려는 목적으로 소통 없이 계속 홍보만 하게 되면 라이브 방송에 참여한 분들이 피로감을 느끼게 되어 시청 인원이 점점 줄게 됩니다.

3. 라이브 방송 전후로 하면 좋은 3가지

라이브 방송을 진행하기 전 피드와 스토리에 방송시간, 콘텐츠 소개를 미리 해 주시면 좋습니다. 미리 방송공지를 하게 되면 방송이 시작하자마자 들어와 주시는 분들이 계십니다. 만약 이벤트를 한다면 이벤트추첨을 라이브 방송에서 한다고 안내하시면 참여율이 높아집니다. 라이브 방송이 끝나고 나면 방송을 저장해서 피드에 올릴 수 있습니다. 방송을 세팅하기 전후 사진을 촬영하신 후 피드로 올리시며 참여해주신 분들께 감사 인사를 하시면 좋습니다.

방송 세팅이나 과정을 궁금해하시는 인친분들도 계시고 방송을 놓치신 분들께서는 다음에 봐야지 하고 생각이 들 수 있으므로 라이브 방송의 후기를 올리셔서 다음 라이브 방송을 알려보세요.

저자는 라이브 방송 시 민얼굴로 11시 이후 고양이와 함께 방송하고 있습니다. 주부분들이 많은 저의 본 계정은 육퇴를 하시고 참여하기에 편한 콘셉트로 하루의 일상을 소통합니다.

참여율이 높은 시즌은 명절과 공휴일입니다, 쉬는 날에는 핸드폰을 보실 시간이 더욱 많으므로 많은 분이 들어와 주시니 첫 라방 날짜를 고민 중이시라면 가까운 연휴를 추천해 드립니다!

혹은 비나 눈이 많이 내리거나 미세먼지가 많은 날에도 뷰 수가 높고 라이브 방송 참여도 높으니 날씨도 고려하여 방송을 시작해보세요.

07 스토리 기능 활용법

#24시간이 모자라 #스토리하이라이트 #프로필의꽃

Check Point!!

△ 스토리를 자주 올리면 프로필에 무지개 띠가 둘립니다

△ 콘텐츠 부담 없이 편하게 자주 올려 주세요

△ 스티커 활용법을 아시나요? 함께 알아볼게요

1. 스토리 설정 시 계정에 좋은 점

스토리를 설정하시면 나의 프로필 사진 옆에 인스타그램의 트레이드 마크 색의 띠가 활성화되며 눈에 잘 띄게 됩니다. 계정이 부각이 되니 댓글에서도 눈에 더 들어오고 인스타그램을 적극적으로 운영한다는 느낌이 들어 선팔도 더 활성화됩니다. 스토리 설정된 인친 계정의 방문빈도도 더 올라갈 수 있겠죠?

♥ 홈버튼 상단 노출

스토리를 설정한 계정은 상단에 노출이 됩니다. 내가 스토리를 설정해둔다면 인친들이 나의 계정을 들어와 볼 확률이 굉장히 높아집니다. 휴대폰에서 인스타그램 앱을 실행하면 인스타그램이 추천해주는 피드를 보다가 제일 상단에 스토리를 한 번씩 보게 됩니다. 설정만 해놓으면 홍보를 인스타그램이 해주는 것이니 자주 설정해주세요. 저자의 경우 20시간마다 항상 설정해 놓습니다.

▲ 상단 스토리 설정했을 때 프로필 모습

♥ 자연스러운 DM으로 소통 가능

스토리의 다양한 스티커를 통해 소통에 적극적으로 활용해 보세요. 인친 중에는 댓글로 적극적인 응원을 해주시는 분도 있지만 스토리를 보고 DM으로 응원을 해주시는 분도 많습니다.

피드에 올리기에는 임팩트가 약한 콘텐츠이거나 소소한 일상 공유의 경우 스토리로 업로드하면 좋습니다. 저자는 스토리에 맛스타그램 + 현실육아 콘텐츠를 업로드합니다.

사이드 콘텐츠 위주로 스토리에 업로드하여 콘텐츠의 질을 높게 하기보다 최대한 계정 노출을 목적으로 365일 중 365일 스토리 설정을 합니다. 독자분들도 스토리 설정에 익숙해지시면 차차 퀄리티를 높이시는 것을 추천드립니다.

이렇게 스토리를 보게 된 인친은 나의 계정에 오게 될 확률도 높으니 액션을 적극적으로 유도하는 스티커를 활용하시면 DM을 많이 받게 됩니다. 20~30대는 인스타그램 DM을 40~50대 카카오톡 사용하듯 빈번하게 사용하기 때문에 대상이 20~30대라면 더 스토리의 스티커를 적극적으로 활용하시길 추천해 드립니다.

2. 스토리 기능 알아보기

'+버튼'을 누르신 후 스토리를 선택하시면 바로 찍어서 올리거나
왼쪽 하단 이미지를 불러올 수 있습니다.

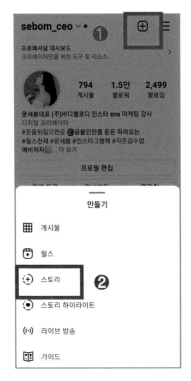

▲ ❶ '+'아이콘 터치 ❷ 스토리 터치

3. 스토리 고급스럽게 꾸며보기

스토리 설정이 익숙해졌다면 콘텐츠와 디자인을 업그레이드해 보겠습니다.

♥ 콘텐츠
- 예고편, B컷, 취향 조사

저자는 다음번에 업로드 예정인 릴스 콘텐츠의 소품, 의상을 미리 일부분 촬영해서 피드에 올려 팔로워들에게 궁금증이 생기도록 합니다. 드라마로 치면 예고편과 같은 것이죠. 사진의 경우 피드에는 올리기는 아쉽지만, 인간미 있는 B컷 사진이나 NG 컷을 올려 인간미를 강조하려고 합니다. 스티커 기능을 활용한 취향 조사로 인친들과의 깊은 소통도 가능하겠죠.

♥ 디자인
- 프레임 만들기, gif 활용

스토리 디자인은 정말 무궁무진합니다. 많은 분에게 익숙하진 않겠지만 '스토리 크리에이터'라고 인스타그램 스토리만 꾸미는 디자이너도 있습니다. 짧은 시간에 감각적인 스토리를 업로드하는 방법 소개하겠습니다,

♥ 효과 적용하기

촬영 버튼 좌우로 효과적용 템플릿이 뜹니다. 다양한 효과적용이
있습니다. 내 취향에 맞는 것을 시도해보시면서 즐겨찾기 해보세요.

♥ 펜 툴

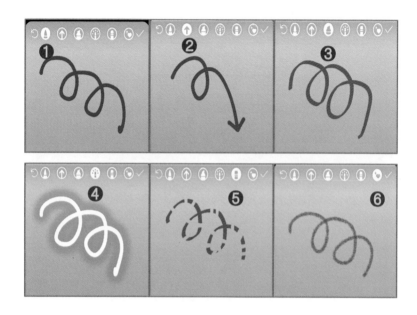

▲ ❶ 일반 사인펜 ❷ 화살표 그리기 드래그로 화살표 자동생성
❸ 사각펜툴 ❹ 형광펜 ❺ 지우개 ❻ 색연필

저자는 2번 화살표와 5번 지우개, 6번 색연필을 자주 사용합니다.

♥ 가장 쉬운 사진 사이즈 줄이기!

손가락을 살짝 오므려 사진 사이즈를 줄이면 배경이 자동으로 생기면서 사진 표면에 프레임이 생깁니다. 이 방식으로 사진을 여러 장 불러올 수도 있습니다. 사진의 크기만 살짝 줄여 글자를 넣을 공간을 만들거나 gif를 가장자리에 넣어 메인 콘텐츠를 돋보이게 할 수 있습니다.

♥ GIF를 활용한 스토리 꾸미기

▲ GIF를 활용한 스토리 꾸미기

gif 활용법으로는 인스타그램 검색창에 영문으로 검색을 하여 분위기에 맞는 gif를 선택해서 사용하는 방법이 있습니다. 짧은 영상처럼 움직이는 gif 특성을 활용하면 특별한 스토리를 만들 수 있습니다. gif 파일의 크기를 키우게 되면 배경으로 사용 가능합니다. 검색 시엔 한글검색도 가능하지만, 영문검색보다 DB 자체가 적고 이미지도 다양하지 않기에 영문검색을 활용한 gif 파일 활용을 추천해 드립니다.

 스토리를 업로드하였다면 추가로 여러 콘텐츠를 더 올릴 수도 있습니다. 영상도 가능하니 스토리 기능을 최대한 활용하여 계정을 더욱 활성화해 보길 바랍니다

08 광고 잘 하는 법

#광고가아닌홍보 #센스있는콘텐츠만들기

Check Point!!

△ 일방적 설득이 아닌 일상을 공유하기

△ 광고페이지 리그램보다 내 매력으로 제품 돋보이게 하기

△ 지나간 피드 심폐 소생하기

인스타그램에서 공구를 하시고 싶으시거나 제품 홍보를 하고 싶은 사장님들께서는 이번 광고 잘하는 법을 주목해주세요!

1. 광고와 홍보의 차이

독자분들은 유튜브 프리미어를 이용하시나요?
저자는 유튜브 프리미어 월정액 서비스를 이용하는데, 영상을 볼 때마다 중요한 순간에 광고가 나오거나 하단 중앙에 팝업되어 집중력 있게 보기 힘든 게 바로 그 이유입니다.

이토록 사람들이 돈을 지급하면서까지 회피하려고 하는 광고와도 같은 내용을 인스타그램 콘텐츠로 계속 올린다면? 나의 계정이 광고 계정으로 인식이 되어 팔로워들의 언팔이 이어질 것입니다.

광고와 홍보의 차이는 무엇일까요?
남녀 사이로 예시로 들자면 광고는 남자가 처음 보는 여자에게 '나랑 결혼하자 당장!'이라고 일방적으로 강요하는 것. 홍보는 '나는 운동을 좋아하고 맛집을 좋아하는 33살 미혼인데, 저랑 만나보는 것은 어때요? 결혼을 전제로 만나고 싶습니다.'라고 어필하는 것으로 생각합니다.

광고 콘텐츠는 일방적으로 강요하는 남자의 소통방식입니다. 높은 확률로 이야기를 듣지도 않고 유튜브 처음 광고 건너뛰기처럼 넘어가 버리기 때문에 사실 감정이 생길 틈도 없이 외면당합니다.

소중한 나의 계정에 광고 피드가 아닌 자연스러운 홍보 피드가 되는 방법을 지금부터 알려드리겠습니다.

2. 홍보 콘텐츠 센스 있게 제작하기

광고가 아닌 홍보 콘텐츠를 제작하는 방법

♥ 일상과 접목한 콘텐츠

제품의 경우는 실제 사용 기간을 명시한 후에 비포/애프터 사진을 비교하거나 사용법을 상세하게 알려주는 콘텐츠를 추천합니다. 직접 사용했던 경험담을 공유하면서 공감과 정보를 담아 콘텐츠를 제작하면 좋습니다.

가족이 함께 실생활에서 사용하는 모습을 담는 것도 정말 좋습니다. 내 아이에게도 먹일 수 있는, 가족이 함께 즐길 수 있는 제품이라고 설명만 쓰여있는 것보다 진짜 아이가 잘 먹고 온 가족이 행복하게 제품을 사용하는 모습을 올리시면 믿고 구매하게 될 가능성이 커집니다.

 후기를 일상과 접목 할 수도 있습니다. 지인이나 고객이 구매 후에 제품에 대한 호평의 연락이 오는 경우, 그 내용을 캡쳐해서 실사용자의 이야기를 생생하게 담아내는 것도 좋습니다. 광고에서도 일반인 모델을 사용하는 이유가 소비자들에게 효과적으로 신뢰성을 줄 수 있기 때문입니다. 고객의 직접적인 후기를 피드에 올려보세요!

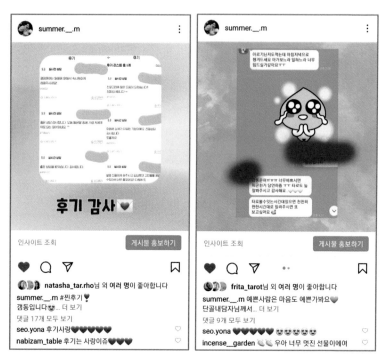

▲ 고객의 솔직한 후기를 피드로 업로드

♥ 퀴즈 + 이벤트를 접목한 콘텐츠
- 지나간 피드 심폐 소생하기

　홍보하고 싶은데 어떻게 해야 할지 난감하다면 광고하려는 제품이나 서비스에 핵심적인 단어를 정답으로 하여 퀴즈를 내보세요!
　정답은 2~3일 후 공개하고 선착순 1분 추가 1분을 더 선정하여 소소한 선물을 보내주시는 이벤트를 하게 되면 관심을 받고 댓글도 많이 달립니다.

　영상으로 퀴즈를 내면 조회 수도 높아지고 영상시청 시간도 길어집니다. 에버랜드 '소울리스좌'의 영상의 반응이 뜨거웠을 때, 소울리스한 저자의 영상을 올렸던 적이 있습니다. 조회수 1000정도의 릴스였는데 영상을 올리고 며칠 후, 해당 영상에서 '퇴고'라는 단어를 몇 번 말했을까요? 라는 피드를 올리고 전 릴스를 스토리에 링크 첨부를 하였습니다. 조회 수가 낮은 아쉬웠던 릴스 콘텐츠의 조회 수도 살려내고 많은 댓글을 받아 성공적으로 이벤트를 마무리할 수 있었습니다.

　꼭 정답을 맞히는 퀴즈가 아닌 취향을 반영하는 질문도 좋습니다. 저자도 책을 홍보하기 위해 인친들에게 프로필 사진 여러 장 중에 하나 골라달라고 피드에 업로드를 하면서 #자존감수업 #인스타그램책 태그를 넣어서 책에 실릴 사진이라고 홍보를 하였습니다. 많은 분이 댓글로 사진을 선정에 참여해주면서 응원해주었습니다. 책 홍보 피드가 자연스레 사진 취향을 공유하는 피드가 되었습니다.

피드에 콘텐츠가 많이 쌓여 인친들이 유입됐을 때 선팔을 받을 수 있는 계정이시라면 친구소환 이벤트를 추천해 드립니다. 댓글에 친구를 소환하여 글을 작성하도록 미션을 유도합니다. 소환된 친구가 피드를 방문할 가능성이 커져 계정 성장에 도움이 됩니다.

다만 이벤트를 하실 때 주의하실 점은 너무 복잡하거나 본문 내용이 길면 참여율이 떨어집니다. 기간도 명확하게 지정해서 해당 이벤트가 짧게 진행되는 스팟 형식이라는 점을 어필해주셔야 참여율을 높일 수 있습니다.

♥ 전혀 무관한 콘텐츠에 짧게 노출하기

인스타그램 인기 게시물에서 종종 보이는 광고 계정에서 사용하는 방법입니다. 최근 핫한 이슈를 정리해서 콘텐츠를 9장까지 작성 후 마지막 열 번째 장에서는 광고합니다. 이 방법은 사람들에게 노출이 많이 되기 때문에 광고효과를 기대할 수 있습니다. 핫한 이슈를 최대한 큐레이션 하여 노출 수를 높여서 계정유입을 노리는 목적으로 좋습니다.

주부가 대상이라면 흥행하는 드라마 제목과 여주인공 의상 사진으로 콘텐츠를 만들고 사진 마지막과 글 마지막에 광고합니다. 주부가 드라마 관련 검색을 할 것 같은 단어로 태그를 만드세요, 예를 들어 #우리들의블루스 라면 #신민아원피스 #한지민가방 #우리들의블루스촬영장으로 콘텐츠를 만듭니다.

3. 업로드 시기

인스타그램에서는 협찬제품이나 홍보 콘텐츠를 너무 자주 올리면 언팔을 당하기가 쉽습니다. 알아보고 싶은 계정이어서 팔로우를 했는데 제품 광고만 계속한다면 계정의 매력도가 떨어지기 마련이죠. 그래서 광고 콘텐츠는 업로드를 한 번에 여러 개를 연속해서 올리시지 마시고 일상과 섞어서 올리는 게 좋습니다.

평소에 인스타그램에 올릴만한 콘텐츠들을 모아 놓으세요. 여행을 가서 찍은 콘텐츠가 많다면 한 번에 모두 다 올리기보다 몇 장은 남겨두고 광고 피드 전후에 넣어주세요. 여행 갔던 시기가 많이 지나도 문제없습니다. 바쁜 현대인들은 누구나 일상에서 탈출하고 싶어하니까요. 본인이 상황이 어렵다면 인친의 계정을 통해 대리만족도 가능하겠죠. 피드엔 '다시 가고 싶다. 생각난다. 다음 여행은 어디로 갈지 고민 중'이라는 내용이면 됩니다. 광고 전후 피드는 일상과 스냅 콘텐츠로 피드의 균형을 맞추어 줍니다.

PART Ⅲ. 계정 성장의 꽃! 릴스의 모든 겟!

Every day
twinkle

01 릴스는 트렌드다

#인스타그램에서밀어주는 #조회수보장릴스찍기

Check Point!!

△ 기본 후면 카메라로 고화질 촬영 준비

△ 짧게 더 짧게 핵심만 찍어 숏폼의 매력 극대화

△ 유행하는 음악을 선정해서 조회 수 높이기

1. 트렌디한 릴스 영상 제작법

숏폼으로 인해 틱톡이 엄청난 성장을 하자 인스타그램에서는 20년 8월 '릴스(Reels)'를 선보이며 짧은 영상을 이용한 경쟁이 시작되었습니다. 15~30초 분량의 짧은 영상인 릴스는 이제 1020을 너머 3040세대 그리고 그 이상까지 영역을 확장하고 있습니다. 사람들이 자신을 표현하는 수단으로 활동함과 동시에 즐거움을 공유하는 수단으로 사용하고 있는데, 자기가 아는 지식을 공유하거나, 유행하는 춤을 챌린지 형식으로 찍어 올리기도 합니다.

그럼 이런 릴스를 어떻게 쉽게 제작하고 올리는지 알아보겠습니다. 릴스 영상 제작 시 인스타그램 기본 앱으로도 촬영할 수 있습니다. 화질에 욕심이 있다면 핸드폰 기본 후면 카메라로 고화질 촬영해서 인스타그램에서 불러와서 올리면 더 선명한 화질을 얻을 수 있습니다.

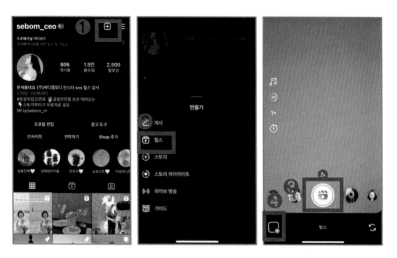

▲ ❶ '+버튼' 터치 ❷ 릴스 터치 ❸ 촬영 ❹ 영상 불러오기

▲ ❺ 영상길이 확인 ❻ 컷 편집 ❼ 영상 추가하기

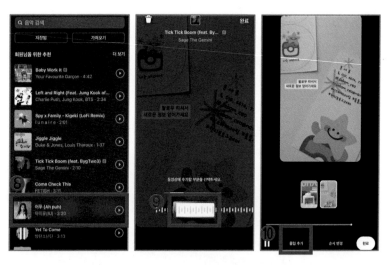

▲ ⑧ 음악 선택　⑨ 음악 구간 선택　⑩ 영상 추가시 클립추가

▲ ⑪ 순서 변경　⑫ 프로필 그리드 영역 지정　⑬ 공유하기

156

원테이크[17])로 영상 하나를 길게 이어가도 되지만 숏폼 특성상 편집을 통해 짧은 영상 여러 개를 붙일수록 더욱 풍성한 영상이 됩니다. 짧게(3~5초 사이 추천) 촬영 후 순서대로 왼쪽 하단을 눌러 영상을 불러옵니다.

2. 리믹스 영상 촬영법과 템플릿 사용법

다른 사람의 영상을 리믹스 찍기를 통해 기존 영상을 보면서 촬영할 수 있고 본인 영상의 크기도 작게 나와 부담이 없습니다. 처음 릴스를 도전하는 분들에게 추천해 드립니다.

많은 조회 수를 나오게 하려면 전 세계적으로 유행하는 음악이나 뮤지션 영상을 리믹스하세요. 이럴 경우 많은 외국인들이 좋아요와 댓글 등 반응을 더 많이 해줍니다. 저자 또한 싸이의 'that that'을 리믹스해서 릴스를 업로드했는데 40만 조회수에 팔로우가 2,000명 이상 늘었고 '좋아요'의 수도 10,000이 넘었습니다.

리믹스 영상 촬영법은 간단합니다.

---

17) 원테이크 기법(One take)이란 분할 촬영이나 편집을 하지 않고 한 번에 촬영하는 영상기법

▲ ❶ '···' 터치　❷ 리믹스 터치　❸ 원본 릴스 리믹스하기

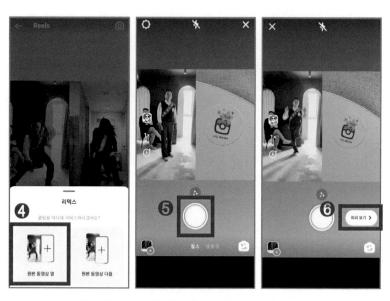

▲ ❹ 원본 동영상 옆　❺ 촬영하기　❻ 미리보기

▲ 템플릿 사용법 ❶ 템플릿사용 터치 ❷ 미디어 추가
❸ 갤러리에 영상 첨부 ❹ 다음 ❺ 커버 이미지 선택 ❻ 공유하기

02 뻔한 릴스가 아닌 끝까지 보게 되는 릴스 만들기

#중독성있는릴스만들기 #조화롭거나어색하거나

Check Point!!

△ 이! 정! 재! 감정이입, 정보, 재미 중 한 가지 이상 영상에 꼭 넣기

△ 영상의 하이라이트를 제일 앞에 넣어 영상을 보고 싶게 만들기

△ 상황, 음악, 소품, 액션의 갭 차이 활용하기

1. 끝까지 보게 만드는 릴스 제작법

 인스타그램 앱을 실행해서 돋보기 아이콘을 클릭하면 인기 게시물들을 볼 수 있습니다. 예전엔 게시물 전체가 사진이었다면 지금은 한 화면에 적어도 2~3개의 릴스가 배치되어있는 것을 볼 수 있습니다.
 짧은 영상형식의 숏폼이 요즘 대세를 이루고 있고 인스타그램에서도 이를 키우려 노력 중인데요, 어떻게 하면 나만의 개성과 장점을 드러내는 릴스를 만들 수 있는지 지금 알아보겠습니다.

 처음부터 나만의 릴스를 기획하기엔 어려움이 있을 수 있습니다. 모방은 창조의 어머니라고 하죠. 릴스나 쇼츠 등의 영상은 이어찍기 형식의 챌린지를 자주 접할 수 있습니다. 처음엔 최근 핫한 이슈가 되는 영상을 형식 그대로 빌려와 찍으면서 릴스에 대한 첫발을 내딛어도 좋습니다. 첫 시작이 어려운 것이지 한 번 구르기 시작한 돌은 관성으로 계속 굴러가기 마련이니까요.

 추천 영상에 뜨는 유행하는 릴스 중 좋아요와 댓글이 많은 릴스 콘텐츠를 어렵지 않게 볼 수 있는데요. 이런 콘텐츠 중 맘에 드는 영상들을 인스타그램의 '컬렉션에 저장' 기능을 활용하여 저장해서 모아봅니다. 그 중 찍어보고 싶은 영상을 여러 번 보며 카메라가 어떻게 움직이는지, 소품은 어떻게 활용했는지 그리고 BGM의 박자는 어떻게 활용했는지 등을 익힙니다.

이러한 영상을 100% 그대로 따라 하려고 해도 인물과 상황이 달라 완전히 똑같을 수도 없고 자기만의 독특한 요소들을 하나둘 첨가하며 영상을 이어 찍습니다. 이렇게 한둘씩 릴스를 찍어보며, 릴스 콘텐츠 제작이 익숙해지면 소품이나 인물을 추가해서 영상을 더욱 풍성하게 만들 수 있습니다. 여기서 저자만의 꿀팁을 말씀드릴게요!

1. 표정이 나오는 릴스라면 표정을 극대화해 보세요

2. 웃음소리, 먹는 소리 등 사운드를 살리기

3. 등장인물이 많을수록 유리합니다. 킬링 포인트가 많아져요.

인물의 표정이 잘 드러날수록 조회 수가 높아집니다. 섬네일로 쓸 커버 사진에도 사용할 수 있으므로 인물이 나오는 릴스 콘텐츠는 다양한 표정을 잘 표현해주세요.

촬영하는 영상의 사운드와 원본의 배경음악의 사운드 둘 다 살릴 수 있습니다. 촬영본의 사운드만 살려도 되고, 원본의 음악만 살려도 되니 상황에 맞게 필요한 사운드를 사용하면 다양한 상황에 적합한 릴스가 만들어지겠죠. 인스타그램은 현재 유행하는 음악을 사용하면 조회수가 높아질 확률이 큽니다. 인기 릴스의 BGM이 어디선가 많이 들어본 음악인 것도 그런 이유입니다. 설명 영상이거나 음악이 필요 없는 영상도 배경음악으로 소리를 작게 깔아서 올리는 것을 추천해 드립니다.

▲ 릴스 상단 메뉴 기능

❶ 저장하기 ❷ 음악첨부 ❸ GIF와 스티커 기능 첨부
❹ 그리기 기능 ❺ 글씨 첨부 기능 ❻ 효과적용

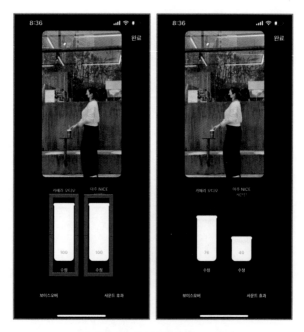

▲오디오와 음악의 사운드 조절

2번 '음악첨부'를 터치하면 카메라 오디오와 첨부한 음악의 음량이 100으로 설정되어있는 것을 확인할 수 있습니다. 카메라 오디오는 영상 촬영 시 녹음된 음원입니다. 요즘 트렌드는 영상의 사운드를 살려 현장감이 느껴지게 하는 것입니다. 요리 영상이라면 재료를 손질할 때 나는 소리, 조리할 때의 소리를 asmr처럼 살려 촬영후 카메라 오디오를 100으로 하고 음악을 잔잔하게 깔아 영상 제작하는 것을 추천합니다. 육아 영상도 역시 아기의 옹알이나 오물오물 먹는 소리, 아가의 엉뚱한 대답 등 아가들만의 사운드를 영상에 담아 매력적인 육아 릴스를 만들어보세요

혼자 촬영하는 것보다 가족들과 함께 혹은 반려견 반려묘가 나오면 더 반응이 좋습니다. 산만해지지 않는 범위 내에서 하나하나가 사람들의 눈길을 끄는 요소가 될 수 있기 때문이죠. 때로는 이런 여러 등장인물의 상호작용으로 예기치 않은 킬링 포인트가 만들어지기도 합니다. 동물을 좋아하는 사람들이 많아서 반려견이나 반려묘의 엉뚱한 행동 하나가 많은 사람에게 웃음을 줄 수 있겠죠. 또한, 배경에서 구경하거나 지나가는 사람들의 꾸밈없는 반응도 영상에 담기면 영상의 재미가 높아집니다.

2. 릴스 요소의 중요성과 어울림, 이어짐

음악과 배경 그리고 인물의 행동이 잘 어울리는 영상은 인스타그램에서 호응도가 높습니다. 특히 틱톡과 유튜브보다 인스타그램은 개인의 여행 영상이나 음식 영상의 콘텐츠 비중이 높습니다. 아름다운 여행지에서 감미로운 음악과 맛있는 음식을 먹으며 행복해하는 표정이라면 '좋아요'를 누르지 않을 이유가 없겠죠.

누가 봐도 행복해지는 영상은 인스타그램에서 인기가 많습니다. 인스타그램은 감성과 감정을 나누는 플랫폼이니까요. 여행지에 가셨다면 그 여행지에서만의 매력이나 풍광을 소품을 활용하여 영상을 더 업그레이드해 보세요.

▲ 소품 활용 + 표정이 살아있는 여행 릴스 콘텐츠

3. 어색하고 이질적인 요소들로 매력적인 릴스 꾸미기

천편일률적인 뻔한 영상이 싫다면 어색하고 이질적인 요소들을 콜라보해서 기획해보세요. 춤을 추는 릴스 콘텐츠는 정말 많이 있습니다. 저자도 처음에 춤 릴스 콘텐츠를 많이 올렸습니다. 하지만 원곡엔 원래의 안무가 있고, 같은 음악을 사용하는 사람들은 원곡의 안무대로 비슷한 동작으로 춤을 추기에 나만의 차별점을 찾기는 힘들었습니다.

그래서 춤과 거리가 굉장히 먼 신랑과 함께 춤을 추며 춤 선을 비교하거나, 나이가 많은 아빠와 신곡 춤추기 등 이질적인 요소들을 넣었습니다. 무역협회에서 금상 수상을 한 댄스 챌린지 영상에는 4살 딸이 목탁을 두드립니다. 만약 딸이 그냥 손뼉만 쳤다면 전혀 이질적이지 않기 때문에 평범한 영상이 되었을 것입니다. 아기와 목탁, 할아버지와 EDM BGM처럼 전혀 다른 요소들을 한 공간에 배치해 보세요. 보는 사람들에게 신선함을 줄 수 있을 것입니다.

표정으로도 이질적인 장치로 사용 가능합니다. 굉장히 신나는 음악인데 무표정, 슬픈 음악에 파안대소 등 갭 차이를 두면 처음엔 어색하지만, 사람의 마음을 끌어당기는 매력을 발할 수 있습니다.
의상 역시 격식 있는 클래식 음악에 잠옷을 입거나, 신나는 음악에 특이한 모자를 쓰면 눈길이 가게 됩니다.

▲ 신나는 음악에 경찰 모자를 쓰고 무표정인 신랑의 모습

03 트랜지션을 활용하여 흡인력 있는 릴스 콘텐츠 제작

#세련된트랜지션 #영상을밀당하기

Check Point!!

△ 여러 장소에서 촬영한 영상을 합칠 때 사용하는 고급기술

△ 드라마, 영화를 볼 때 카메라 움직임을 눈여겨보기

△ 땅부터 하늘까지 다양한 물체와 인물 다각도 촬영해보기

1. 자연스러운 연결을 위한 노하우

트랜지션은 이전 화면이 다음 화면으로 전환될 때 영상과 영상 사이를 이어주는 기법을 말합니다. 화면 전환 시 약간의 효과를 주면 완성도 높고 짜임새 있는 영상 제작이 가능합니다. 아래의 대표적인 3가지 방법으로 화면 간의 공통점을 주어 촬영을 하면 독특한 영상을 제작할 수 있습니다.

▲ 밝기 – 어두워졌다가 밝아지며 다음 영상 시작

　　　　　하늘로 영상이 끝나고 다시 하늘에서 시작하며 다음 영상

▲ 방향 – 오른쪽으로 빠르게 전환

　　　　　다음 영상도 동일 방향으로 전환

▲ 동작 – 같은 동작을 반복하며 배경은 바뀌는 기법

2. 카메라의 움직임을 통한 트랜지션과 릴스 트렌드

♥ 밝기, 방향, 동작 트랜지션을 사용한 릴스

❶번과 ❸번 영상 사이에 ❷번의 어두워지는 트랜지션 활용으로 화면 부드럽게 이어주는 밝기 트랜지션

❹번 솜사탕의 귀를 ❺번 위로 뽑으면서 카메라 하늘을 향해 올라가는 방향 트랜지션 적용

❻번 놀이기구가 돌면서 내려오는 방향과 같은 방향으로 아가와 함께 돌면서 카메라 내리는 동작 트랜지션

최근 릴스 콘텐츠의 길이가 더욱 짧아지고 있습니다. 위의 트랜지션 영상은 다양한 트랜지션을 알려드리기 위해 교육용으로 제작된 영상입니다. 트랜지션을 과도하게 사용하면 영상이 산만해질 수 있으므로 1개~3개 이내의 포인트로 사용하는 것을 추천해 드립니다.

♥ 헤이! 가사에 맞춰 장면전환 시 비슷한 동작으로 통일감을 준 릴스

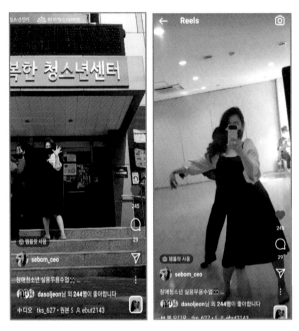

▲ 동작으로 통일감을 준 릴스

1~3초 사이의 짧은 영상을 여러 개 붙여서 제작된 릴스 콘텐츠가 요즘 트렌드입니다. 박자, 비트, 가사에 딱 떨어지는 영상으로 현장 감은 모두 담아내면서 짧고 임팩트 있는 영상을 제작해보세요.

04 영상이 궁금해지는
커버 이미지 제작법

#조회수를결정하는 #영상제작만큼신경써야하는
#후킹썸네일

Check Point!!

△ Canva 무료 앱 가입

△ 영상의 핵심키워드

△ 유튜브 시청할 때도 섬네일 눈여겨보기

1. 커버 이미지 제작법

영상 올릴 때 마지막 커버 사진 추가 단계에서 영상 속 일부분을 선택하는 법과 이미지를 불러오는 법이 있습니다. 영상 첨부 시 커버 이미지를 고려한 장면을 넣어 영상에서 이미지를 선택하는 방법과 커버 이미지를 첨부하는 방법입니다.

▲ 커버 이미지 수정

이때 커버 이미지는 조회 수와 피드 디자인에도 굉장히 중요하기 때문에 저자는 커버 이미지를 따로 제작하고 있습니다. 기존에는 Canva라는 앱에서 제작했지만, 최근에는 스토리에서 제작 후 스토리로 작업하고 저장해서 업로드합니다.

제작방법은 스토리 업로드와 비슷하나 커버로 사용할 이미지이기에 스토리보다 더욱 화려하게 꾸미는 편입니다. Canva라는 앱에서 제작할 경우 누끼[18]를 따서 투명배경을 만들어 제작해야 했다면 저자가 소개하는 효과를 적용하여 누끼를 따고 테두리를 입힌 것 같은 사진을 3초 만에 만들 수 있습니다.

앞서 알려드린 스토리를 업로드 방법을 활용하여 제작한 후에 오른쪽 점 3개를 터치 후 저장하면 갤러리에 저장됩니다.

▲커버로 사용할 이미지를 스토리에서 제작한 후에 저장

---

18) 원본 이미지의 피사체로부터 배경을 분리하기 위해 피사체의 외곽선을 따는 것

2. 새봄만의 커버 이미지 제작 비법

♥ 킬링 포인트

▲ 영상에서 가장 역동적이고 재미있는 컷을 커버 이미지로

영상에서 가장 재미있고 가장 핵심이 되는 킬링 포인트를 이미지로 제작하면 사람들이 커버를 보고 영상을 터치하게 될 가능성이 커집니다. 텐션이 높은 신나는 영상이라면 가장 역동적인 순간을 포착해서 이미지로 만들어보세요!

♥ 숨겨서 궁금하게 만들기

영상을 봐야지만 알 수 있는 상황을 이미지로 제작해보세요. 영상의 모든 내용을 다 보여주는 것보다 중요한 포인트를 가리거나 덜 보여주면 궁금한 마음이 들어 호기심이 생깁니다.

♥ 텍스트 활용법

영상의 제목을 붙여 이미지로 제작하는 방법입니다. 정보성 영상, 구두로 진행하는 콘텐츠에 활용 가능한 제작방법입니다. 자막을 영상에 넣어 이미지로 선택해도 좋습니다. 저자의 계정은 다양한 릴스 콘텐츠를 올리고 있어 텍스트가 있는 커버와 없는 커버를 번갈아 가며 다양성을 주고 있습니다.

05 릴스 업로드 직후 체크 포인트

#업로드후30분 #적극적액션 #댓글을미리작성하기

Check Point!!

△ 릴스 콘텐츠 업로드 후 30분 활동이 가능한 시간대 체크

△ 나의 인친들이 많이 활동하는 시간대에 업로드

△ 조회 수 체크 후 스토리와 피드에 다시 올려 시청 유도

1. 분위기를 리드하는 선 댓글

릴스 콘텐츠는 캡션을 써도 앞부분만 노출되기 때문에 글 내용은 짧고 간결하게 적는 것이 좋습니다. 초반에 댓글을 유도하기 위해 먼저 1, 2플은 댓글에 대화하듯 스스로 댓글을 작성합니다

예를 들어 박수가 들어간 영상을 업로드 후엔 '퀴즈! 영상 속에 박수는 몇 번 쳤을까요?'라고 글을 올린다면 영상을 보는 인친들이 횟수를 세기 위해 영상을 여러 번 시청할 확률이 커지겠죠.
비슷한 예로 모자를 쓴 영상을 올렸다면 '이번 영상에는 모자를 써봤는데 어떤가요?'라는 말을 덧붙인다면 모자에 대한 느낌을 댓글로 주고받으며 릴스 콘텐츠에 머무르는 시간이 늘어날 것입니다.

또한, 스토리에 릴스 영상 링크를 첨부하여 릴스 시청을 유도하는 방법도 있습니다. 릴스 게시 후 초반 1시간 이내에 '좋아요'와 '댓글'이 많으면 인스타그램에서 추천 영상으로 올려 줄 가능성이 크기 때문에 영상을 올리고 최소 30분간 반응을 살펴보고 댓글을 달 수 있는 시간에 올립니다.

댓글이 달리면 빠르게 대댓글을 달며 소통을 이어갑니다. 처음 댓글은 댓글 고정을 해서 댓글을 상단에 고정되게 설정합니다. 댓글을 빠르게 달아주신 인친에게 댓글이 고정되었다는 알람이 가게 됩

니다. 이렇게 댓글을 고정하면 다음 업로드에도 인친들이 더욱 댓글을 달아줄 확률이 높아집니다.

 스토리로 미리 예고편을 만들고 퀴즈를 낸 후에 릴스 업로드를 합니다. 그 후 저자가 직접 댓글을 달아 인친들이 댓글을 대화하듯 달 수 있도록 분위기를 조성합니다.

 달린 댓글 중에 재치 있는 댓글이거나 영상과 찰떡처럼 어울리는 댓글은 댓글 고정을 하여 영상과 댓글을 동시에 보며 릴스 콘텐츠를 즐길 수 있도록 해줍니다. 대댓글 역시 재치있게 달아주어 소통을 이어갑니다.

2. 릴스 콘텐츠를 업그레이드하는 비법

♥ 해답이 되어줄 댓글

 저자를 포함한 많은 독자분께서 더 좋은 릴스를 만들고 싶다는 생각에 릴스 업로드 후에 다음 영상은 어떤 것을 올릴까? 고민이 많이 될 텐데요. 앞서 인친들이 달아준 댓글이 그 해답의 힌트입니다. 댓글의 전체적인 분위기와 반응을 살펴서 다음 콘텐츠를 제작해보세요.

저자의 계정에도 콘텐츠가 저자와 잘 맞는 릴스에는 많은 댓글과 함께
"다음 릴스 기다릴게요,"
"다음 영상은 언제 올라오나요?"라고 질문이 올라옵니다.

이런 댓글은 최대한 빠르게 회신하셔서 적극적으로 콘텐츠에 반영해보세요. 내가 보여주고 싶은 릴스보다 인친들이 보고 싶어하는 릴스를 초반에는 제작하여 반응을 살피는 것이 좋습니다.

♥ '원소스 멀티유스(OSMU)'

하나의 콘텐츠를 다양한 SNS에 사용 가능한 원소스 멀티유스!
저자 역시 숏폼 영상을 제작 후 틱톡, 유튜브 숏츠, 인스타그램 릴스, 카카오톡 프로필, 밴드에 사용하고 있습니다. 숏폼의 특성상 영상 길이가 짧아 업로드 시간도 빠르고 반응도 다양하게 살펴볼 수 있어서 콘텐츠 업그레이드에 굉장히 도움이 됩니다.

05 릴스 아이디어 기획 팁

#개성있는콘텐츠   #세상아래_완전_새로운_것은없다

Check Point!!

△ 콘텐츠를 만드는 것에 부담이 있으신가요?

△ 내가 평소 좋아하는 혹은 좋아했던 콘텐츠 떠올려 보기

△ 콘텐츠를 만드는 것을 주변 사람들에게 최대한 알려보세요

1. 시행착오를 줄이는 툴

성공하기 위해 이 책을 보고 계신 독자님들!

콘텐츠를 만들 수 있는 능력이 인플루언서가 되기 위한 필수 항목입니다. 콘텐츠 제작에 겁먹지 마시고 하나씩 배워가시면 됩니다. 하늘 아래 완전한 창조는 없습니다. 창의적인 아이디어를 기획하는 법의 첫 번째는 모방하기 전 공부를 하는 것입니다.

'아는 만큼 보인다'란 말이 있듯, 영상이나 자료를 많이 보면 보는 눈이 생겨서 영상 제작에 도움은 되지만 미리 알고 보는 것과 사전 지식 없이 보는 것은 분명한 차이가 있습니다. 여기서 공부란 사당 오락이나 고시 같은 그런 공부가 아닌 정말 기본적인 앱과 툴을 다루는 것을 의미합니다. 마음을 편히 가지셔도 좋습니다.

사진은 보정 앱 사용법을 충분하게 익히고 기본적인 수정을 할 줄 알아야 여기에 창의적인 아이디어가 더해져 괜찮은 피드가 탄생합니다. 저자는 사진 보정법을 공부할 때 유튜브에 '사진 보정'이라고 검색하여 나오는 영상들을 모두 보았습니다. 하지만 그 중 딱 필요한 스타일의 강좌를 못 찾았고 결국 라이트룸[19] 유료강의를 수강하였습니다.

---

19) 모바일 앱 중 하나로 사진의 선명한 색감을 다루는 데 유용하다

라이트룸 강의가 인스타 운영하는 것에 매우 큰 도움이 되었고 사진 한 장에도 엄청난 수정과 터치가 들어간다는 걸 알게 되었습니다. 날씨나 빛의 양, 각도에 따라 피사체를 다양하게 담는 방법을 알 수 있었고 상황에 맞게 채도, 명도, 심도를 공식처럼 조절하여 색다른 결과물을 얻을 수 있었습니다. 미적 감각을 수치화해서 배울 수 있었다는 게 큰 수확이었습니다.

강의를 듣고 나서의 촬영은 너무 재밌었습니다. 배운 것을 촬영에 접목해보며 사진을 찍는 감각을 키워갔습니다. 영상은 영상 편집기술을 미리 공부하시고 촬영을 하셔야 시행착오를 줄이실 수 있습니다.

저자는 영상편집의 경우 '기태의 키네마스터 유튜브 채널'의 영상으로 독학하였습니다. 그 이후에는 여러 가수의 뮤직비디오를 보며 트랜지션하는 것들을 분석했습니다.

처음 콘텐츠 제작을 시작했을 때, '원더월클래스[20]'를 1년 구독하여 다방면의 강의를 들었으며 지금은 '바이블'을 구독 중입니다. 모든 영상을 다 소화하기 어렵다면 목차를 살펴보고 오프닝과 엔딩은 꼭 듣고 있습니다. 이렇게 하는 이유는 나와 전혀 무관한 장르에 대해 개념을 미리 알아두고만 있어도 창의적인 콘텐츠 제작에 도움이 되기 때문입니다.

---

20) 예술 분야 전문가들의 지식과 경험을 아티스트들이 직접 강의를 통해 전달해준다. https://wonderwall.kr/

유료강의로 판매가 되고 있다는 것은 대중에게 수요가 있다는 것입니다. 트렌드를 알고 접목하기 위해서 사람들이 어떤 분야에 관심이 있는지 이해하는 것이 중요합니다. 꼭 구독하지 않더라도 이러한 강의 사이트를 수시로 보며 트렌드를 체크 해보시는 것을 추천합니다

2. 함께 가야 멀리 간다

기본적인 툴을 익히신 후에는 나에게 접목하고 응용해볼 차례입니다. 관심 분야의 오픈 채팅방에 찾아 들어가 활동을 합니다. 저자는 현재 마케팅 틱톡 오픈 채팅방에서 활동 중입니다. 같은 주제에 관심 있는 사람들이 모인 만큼 실질적인 정보들이 오고 갑니다. 심리적으로 위안을 받을 수도 있고 협업이 가능한 파트너를 만날 수도 있습니다. 오픈 채팅방에서 친해지면 인스타그램에서 소통하기 때문에 서로에 대해 이해도가 높아져 협업할 때도 편합니다.

혼자 콘텐츠를 기획할 때보다 함께 하면 더욱 창의적인 콘텐츠가 나올 확률이 높습니다. 나에게 접목할 콘텐츠를 검색하면서 눈여겨볼 콘텐츠는 저장해두고 다음에 다시 확인합니다.

3. 성취감 지속의 비결

인스타그램을 통한 마케팅을 기업에서도 많이 하기에 체험단 모집, 챌린지 등 참여할 수 있는 이벤트들이 많이 있습니다. 챌린지마다 가이드 라인이 업로드되어있고 다른 사람들이 업로드한 콘텐츠도 볼 수 있으니 이러한 참여를 통해서 창의적인 아이디어를 기획할 뿐 아니라 협찬, 원고료, 상금 등을 성취할 수 있습니다. 이벤트나 챌린지에 지원하다 보면 이것도 경력이 쌓여서 점점 완성도 있는 결과물을 만들어 낼 수 있습니다.

이러한 도전은 기발하고 창의적인 아이디어를 낼 수 있는 원동력이 됩니다. 때로는 지원한 피드를 보고 협찬이나 광고 DM이 옵니다. 저자의 경우 댄스 챌린지 영상을 보시고 팬이 되었다는 DM을 받았습니다. 댄스 챌린지 영상을 촬영할 때 장소를 제공하고 프로필 촬영도 지원 가능하다고 합니다. 이렇게 서로에게 팬이 되며 필요한 도움을 주고 받으며 함께 성장이 가능합니다.

세상에 완전히 새로운 것은 없습니다. 틱톡이나 쇼츠, 릴스 등 숏폼에서는 '이어찍기'라는 포맷으로 대중의 관심을 끌어내고 있습니다. 유행하는 콘텐츠를 많이 보면서 나만의 것으로 재창조하고 그 콘텐츠로 대중과 소통하세요. 필요한 정보는 메모/저장하면서 아이디어들을 모으다 보면 차츰 퍼즐이 맞춰집니다. 저자 역시 매일 콘텐츠를 저장하고 단톡방에 공유하며 다이어리에 메모하며 크리에이터의 삶을 살고 있습니다.

PART Ⅳ.
자존감을 세워주는 인스타그램라이프

Every day
twinkle

01 자기다울 때 높아지는 자존감

#부모님이낳아주신_한정판 #전세계유일무이

자존감(自尊感)은 자아존중감의 줄임말로 자신 스스로를 갖춘 존재로 여기고 부정적으로 여기지 않는 감정을 의미합니다. 일상적으로는 '자신을 사랑하는 감정' 정도로 사용되고 있습니다.

독자분들은 지금 나의 존재에 대해 어떤 마음이 드시나요? 저자의 임신 시절이 떠오릅니다. 입덧 약을 너무 많이 먹어 병든 닭처럼 온종일 토하다가 잠들다가 생활을 하니 하루가 너무 허무하고 우울했었습니다. 시간이 많으니 부정적인 생각을 많이 하게 되었고 무기력하니 내 몸은 일하기 싫지만 다른 사람들의 성과를 찾아보면서 비교하는 나날이 이어졌습니다.

출산 후 현업에 복귀했지만, 코로나로 정말 힘든 시기를 겪었습니다. 그 당시에는 춤을 춰왔던 사람이 춤을 못 추게 되니 손발이 잘린 것 같은 허무함이 컸습니다. 힘든 시간이 계속되자 자존감은 점점 낮아지고 부정적인 생각이 들기 시작했습니다.

인제 와서 돌이켜보면 코로나로 인해 업종 전환을 할 수 있었고 그로 인해 더 다양하고 즐거운 일을 해내고 있습니다. 코로나 때문이 아닌 코로나 덕분에 인플루언서의 삶을 누리며 살고 있기에 위기와 기회는 동전의 앞뒷면과도 같다는 걸 다시 한번 체감했습니다. 비가 온 뒤 하늘은 한층 더 맑고 땅은 더 단단해지듯 이 책을 읽는 독자분들도 비가 오는 시기를 현명하게 잘 이겨내셔서 다가올 맑은 하늘을 상쾌히 누리시길 기원합니다.

02 애쓰지 않아도 OK

#목적없는계정운영 #오히려좋아

독자분 중 '저는 인스타그램으로 하고 싶은 것이 딱히 없는데요?' 라고 생각하시는 분 계시나요? 오히려 더 좋습니다. 원하는 뚜렷한 목표가 있을수록 계정운영을 좀 더 섬세하게 해야 합니다. 목적이 없는 일상 계정이야말로 부담 없는 친근한 콘셉트로 운영할 수 있습니다.

목적이 없고 원하는 목표가 없더라도 일단 인스타그램으로 일상소통으로 시작해보세요. 일단 시작하면서 인스타그램을 운영하는 감을 찾고 인친들과의 관계를 시작해보며 자신만의 페이스를 찾아갈 준비를 합니다.

인친들과 교류가 활발해지면 비슷한 상황에 있는 인친의 인스타그램의 활용법을 보며 배울 수 있고 댓글이나 DM으로 특정 콘텐츠

혹은 릴스 제작에 대한 요청이 오기도 합니다.

저자는 보통 아침에 눈을 뜨자마자, 그리고 8시 이후 총 2번 올리려고 노력합니다. 이렇게 하루 2번 나눠서 하는 이유는 오전에 활발히 활동하는 인친 분도 있고 밤에 아이를 재운 후 활동하는 인친 분도 있어서 활동 시간이 다양하기 때문입니다.

아침 업로드는 8시 30분 ~ 9시에 합니다. 아침에 잠에서 깨어 화창한 햇살을 받으며 새소리와 함께 올리다 보면 나 자신에게 더 솔직하게 되어 진솔하고 담백한 이야기를 풀어낼 수 있습니다.

정말 사소할 수도 있는 안부 인사부터 날씨, 그리고 아점 메뉴 오후 일정 등 개인적인 내용을 올립니다. 반면 저녁에는 하루 중 가장 임팩트 있었던 순간이나 재미있는 릴스를 업로드해서 하루의 피로를 인친들과 풉니다.

독자분들도 시간을 언제 올려야 한다는 규칙을 정하기보다 본인에게 제일 편한 요일과 시간대에 올리면 됩니다. 저자는 피드에 댓글이 달리면 알람이 오도록 설정을 해놓았습니다. 대댓글을 다는 것도 내가 편한 시간에 올리기 전후로 달아주시면 됩니다.

이렇게 하루에 시간을 따로 내어 활동하게 되면 내가 대댓글을 단 것을 인친이 알게 되어 나의 새로운 피드에 한 번 더 방문할 가능성이 커집니다. 하루 중 틈틈이 활동하는 것보다 소통은 할 때 몰아서 하시는 것이 소통에도 편하고 더 많은 댓글을 나눌 수 있습니다.

집안일과 가족을 돌봐야 하는 상황이라면 인스타그램에 온종일 신경을 쓰기 어렵습니다. 내가 활동하기 좋고 편한 시간이 인친들과 제일 소통 하기 좋은 시간입니다. 바쁜 와중에 온종일 핸드폰을 보며 리액션에 계속 반응하지 않으셔도 됩니다. 여유있는 시간을 따로 할애해 해당 시간엔 인친들과 일상을 공유하고 댓글을 주고받는 시간을 가지는 것을 추천해 드립니다.

03 도중에 멈춰도 OK

#쉬었다가다시해도ok #이론보다는즐기기

저자는 1일 3피드로 계정을 키운 후 현재는 업로드횟수를 줄이며 콘텐츠의 질을 높이고 있습니다. 현재는 1일 1~2피드로 활동하고 있습니다. 중간에 아이가 아프거나 시간이 오래 걸리는 큰 프로젝트를 진행할 땐 인스타그램 업로드를 일주일 이상씩 쉰 적도 있습니다.

천 명 정도의 팔로워로 계정을 키우신 상태라면 잠시 쉬셨다 다시 하셔도 됩니다. 처음 인스타그램 매일 올리는 것에 적응하느라 힘이 많이 들 수 있습니다. 차츰 적응한다고 생각하고 습관을 들여보세요. 처음에는 요령이 부족하고 신경 쓸 부분이 많으니 아무래도 업로드가 힘드실 수 있지만, 어느새 적응해 있을 것입니다.

적응기를 지나 3000~5000명 정도 팔로워가 있는 계정이 되면 그때부터는 인친들과의 소통이 더 편하고 익숙해질 것입니다. 적응을 마친 상태라면 더욱 효율적인 계정운영이 가능하기에 처음의 적응기간을 잘 버티시길 바랍니다.

시간이 부족해서 피드를 올리기 어려운 상황이라면 스토리 위주로 올려보세요. 스토리는 24시간이 지나면 사라지기니 콘텐츠의 질에 부담이 없고 사진만 올리셔도 되니 빠르게 올리실 수 있습니다.

이론적으로는 쉼 없이 1일 1피드를 하는 것이 계정 점수에는 좋습니다. 그러나 이런 빡빡한 운영에서 오는 강박은 인스타그램을 장기간 꾸준히 하지 못하고 도중에 지치게 되는 단점이 될 수 있습니다.

얼마 전 인스타그램 계정운영을 하다 지쳐서 접었다며 연락이 왔던 분이 계셨습니다. 얼마 후에 다시 계정을 새로 만들었다고 선팔을 하셨습니다. 그전 계정은 어떻게 된 거냐고 여쭤보니 쉬는 기간 동안 계정 점수가 떨어졌을 테니 새로 시작한다고 하셨습니다. 얼마 지난 후 다시 인태기라며 휴식을 하는 분을 보면서 완벽해지려는 자세는 금방 본인을 지치게 하니 의무와 강박을 내려놓고 여유로운 마음으로 임하는 것이 꾸준한 인스타그램 운영의 지름길이 될 것입니다.

 새 계정을 만들기보다 기존 계정을 다시 꾸며 가셔도 됩니다. 업로드를 며칠 못했다고 크게 계정에 대한 평가가 낮아지거나 불이익이 있는 것은 아닙니다. 본인 계정에 올리기 힘든 심리 상태라면 잠시 쉬어가며 다른 인친들 콘텐츠를 많이 보면서 벤치 마킹하고 싶은 계정을 찾아내는 것도 좋습니다. 릴스 콘텐츠도 많이 보다보면 트렌디한 편집법, 자막 센스, BGM 선정에 대한 눈썰미가 향상되겠죠. 잘 나온 사진 역시 각도나 구도 배열도 캐치 하셔서 촬영 시 참고하시면 좋습니다

 이 모든 것은 역시 인스타의 시작인 지인 팔로우부터 시작하는 인스타그램 첫걸음마부터겠죠. 팔로우 천명 이전에는 자유롭게 본인의 일상에 인스타그램 라이프를 접목해서 부담 없이 시작하는 것을 추천합니다.

04 힘내라는 말에도 힘이 나지 않을 때

코로나로 인한 경단녀 시절에 연락하던 비슷한 처지인 사람들과의 통화 마지막 인사는 항상 '힘내보자!!' 였습니다, 그러나 힘이 나기는커녕 대화 내용을 곱씹으며 더 힘들었던 기억이 있습니다. 정말 힘이 들 땐 무리해서 힘내지 말고 힘들다고 대나무 숲처럼 인스타그램에 말해보세요. 암(暗)이 있어야 명(明)도 있는 거겠죠. 365일 좋은 날만 있으면 날마다 좋다고 느껴지지 않을 것입니다. 힘든 날이 지나면 다시 좋은 날이 분명 올 테니 힘든 날에는 마음을 솔직하게 표현하셔도 됩니다. 인스타그램에서는 수많은 힘든 날을 함께 이겨내고 있는 많은 인친들이 있으니까요.

친한 한 인플루언서는 매번 밝은 모습만 올리다가 어느 날 새벽 힘든 마음을 털어놓는 피드를 올렸는데 그러자 수많은 응원의 댓글과 디엠을 받았다고 합니다. 그동안 너무 밝은 모습만 보여주려고 애썼던 것 같다며 이젠 힘이 없으면 없는 대로 현재 모습 그대로 솔직하게 소통하겠다고 하네요.

저자의 경우에는 육아의 힘든 점을 피드에 많이 표현하고 스토리에 올리는데 비슷한 연령대의 아이를 키우는 맘들께서 공감을 많이 해줍니다. 직장을 다니거나 회사를 운영할 때는 주로 일과 관련된 사람과의 인간관계나 성과에 대한 압박으로 스트레스를 받았습니다.

경단녀가 되니 가장 위로받고 싶고 공감받고 싶은 가족이나 지인에게 서운한 마음이 들어 스트레스를 받는 경우가 더 많았습니다. 지인들에게 연락해도 누구나 자신만의 사연과 힘듦이 있을 텐데 본인만 힘들다고 털어놓는 것도 미안했습니다.

인스타그램에서는 척하실 필요 없이 힘들면 힘들다, 좋으면 좋다 마음껏 표현하세요. 어떤 분은 인스타를 제외한 다른 SNS는 시댁 가족분들이 보셔서 인스타그램에만 자기 속마음을 털어놓는다고 하셨습니다. 육아 스트레스나 가족관계에 상처를 인스타그램에 충분히 털어놓고 나면 마음이 한결 가벼워지겠죠.

저자는 스토리를 자주 활용하는데요. 스토리에 업로드하는 이유는 24시간이 지나면 사라지기 때문에 그 순간 잠시 느꼈던 감정을 공유한 후에 삭제하거나 스스로 사라지게 놔두고 있습니다. 배고파 죽겠다고 하다가 식사 후 곧이어 배불러 죽겠다는 글을 연속해서 올린다면, 피드를 실시간으로 보는 경우가 아니라면 이상한 사람이라고 생각하겠죠. 감상에 빠져 글을 올렸다가 다음날 왜인지 부끄러움을 느끼는 경우도 어린 시절 싸이월드를 떠올려 보면 수없이 많았던 기억이 있을 겁니다. 하루에 마음이 하루에도 몇 번씩 바뀌는 경우가 있습니다. 24시간만 활성화되는 스토리를 활용하셔서 힘들 땐 힘이 드는 마음을 오픈하시고 위로받으세요.

피드에 올리는 경우 과거에 올린 내용이 시간이 흘러 현재 상황이 많이 바뀌었다는 생각이 들면 피드 삭제를 하면 됩니다. 저자도 1년에 2번 정도 예전 피드를 점검하면서 불필요하다고 생각이 드는 콘텐츠는 삭제합니다.

05 지겨움을 이겨내는 힘

인스타그램을 하다 지치는 때가 오면, 그 시기를 이겨내는 힘이 무엇일까요? 바로 작은 성취라고 생각합니다. 작은 것이라도 하나씩 결실을 보며 힘든 시기를 버텨 보세요. 멀고 큰 목표를 향해 하루하루 노력하는 것도 중요하지만 작은 성과들이 주는 만족감이 있어야 오래 갈 수 있습니다. 큰 목표 이전에 중간 목표를 하나둘 세우는 것도 이런 이유겠죠. 인스타그램은 그런 점에서 만족감을 줄 수 있습니다.

그러면 목표로 세울만한 작은 성취로는 어떤 것이 좋을까요?

숫자나 결과를 목표로 세우기보다 '오늘은 진심을 담은 소통을 하겠다.' '이벤트를 열어 재능 기부를 하겠다.'처럼 나의 소소한 나눔이 누군가에게 엄청난 힘이 될 수도 있습니다.

저자도 인스타그램을 몇 년간 하면서 인태기라고 하는 인스타그램 권태기가 온 적이 있었습니다. 그때 빠르게 권태기를 끊어낼 수 있었던 요인은 인친들의 피드백이었습니다. 본인 계정 업로드는 잠시 쉬며 다른 분 피드에 댓글을 달아드렸는데 곧 대댓글로 "새봄님 요즘 많이 바쁘신 가봐요. 자존감이 올라가는 위안이 되는 피드 잘 보고 있었습니다."라고 말해주셨습니다. 그 때 소소하면서도 굉장한 감동을 받아 다시 인스타그램을 열심히 할 수 있는 원동력이 되었습니다.

제가 인스타그램을 하면서 지치거나 힘들 때 듣는 노래가 있습니다. 트와이스의 'Feel Special'이란 곡인데요

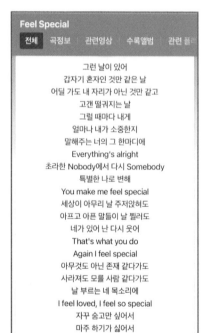

▲ 트와이스 "Feel Special"

현실에서 내 모습이 초라해 보이고 아무것도 아닌 것처럼 느껴지는 날이 있으신가요? 주변 사람이나 상황에 상처받고 의기소침해진 상황에서는 나에 대해 전혀 모르는 사람들이 더 편할 수 있습니다. 속상한 상황을 대화를 통해 풀어내야 하는 관계가 복잡하게 얽혀있다면 원점에서 시작하는 인친들과 새로운 네트워크를 형성해 보세요.

그리고 인친들에게 먼저 손을 내밀고 나를 알리세요. 지쳐있는 친구들에게 손을 내밀면 내가 지쳤을 때도 그 친구들이 분명 손을 내밀어 줄 테니까요.

06 가능성의 문을 열어주는 기회의 장

#생각지도못한기회 #도전을도전하라

인스타그램을 하다 보면 나도 모르는 나의 능력을 알게 되고 그 능력을 알아봐 주는 사람들이 생깁니다. 취향이 비슷한 사람들이 모이면 시도해 볼 수 있는 것들은 무궁무진합니다. 주부들이 많이 하는 공동구매부터 프로필 상단에 오픈 채팅방 링크를 열어 공통 관심사를 사진 사람들을 모을 수 있습니다

공통의 관심사를 모은다면 그 이후로는 인친들에게 직접 콜라보를 제안하거나 다양한 챌린지에 도전할 수 있습니다.

많은 인플루언서는 협업 문의에 환영하는 편입니다. 협업하게 되면 함께 하는 인플루언서의 팬들에게 나를 알릴 수 있고 그 팬들을 나의 팬으로 만들 가능성이 커집니다.

콘텐츠도 풍성해지므로 혼자 할 때보다 다양하고 신선한 장르에 손쉽게 도전할 수 있습니다.

일례로 저자는 최근 창업 관련 숏폼을 찾아보다가 창업지원금을 지원해주는 댄스 챌린지를 보게 되었고 저자와 안무가로 공통점이 있는 @dasoljeon 전다솔 실장님과 함께 릴스 촬영을 하였습니다.

챌린지 참여 날짜는 얼마 안 남았는데 전다솔 실장님과 일정을 맞추려니 마감 딱 하루 전날, 촬영이 가능했습니다. 조회 수가 많은 영상이 수상하는 조건에다가 다른 팀들은 촬영을 마치고 피드에 올린 이후인지라 조회 수는 이미 꽤 벌어져 있는 상태였습니다. 시간과 조회 수 모두 부족한 불리한 일정이었지만 촬영키로 했습니다. 짧은 릴스를 찍는다는 게 큰 리스크를 지는 것도 아니고 잘되면 좋고 안되어도 추억을 하나 쌓을 수 있는 꽃놀이 패라고 생각했습니다.

인플루언서가 되고 나서는 가벼운 마음으로 시도하고 도전해보자! 즐기면서 다양하게 하다 보면 좋은 일이 생길 것이라고 믿고 아파트 입구에서 딸과 함께 촬영했습니다. 안무가 맞지 않아 NG가 한 번 나서 두 번 만에 촬영을 마쳤습니다. 영상은 30초도 안 되는 짧은 길이여서 촬영시간은 3분 정도 소요되었습니다.

촬영 후 식사를 하러 가서 음식을 주문하고 영상을 모니터링했는데 웃음기 없는 콘셉트의 작품에 너무 상큼하게 웃어 다시 찍어야 했습니다. 음식이 나오기 전 짧은 시간 동안 식당 바로 앞 풀밭에서 다시 촬영에 들어갔습니다.

해가 이미 사라져서 어둡기도 했고 산책로여서 개똥이 사방에 있어서 딸아이가 "오잉 똥이잖아~" 하면서 혼잣말하며 웃는 장면이 영상에 그대로 찍혔습니다. 인간 문인경으로는 너무 아쉬운 영상이지만 인스타그램 문새봄의 계정에서는 많은 사랑을 받았습니다.

상가 앞에서 B급 감성의 독특한 콘셉트에 목탁을 든 아가와 콜라보! EDM 음악과 아가가 치는 목탁 소리의 베이스는 웃음을 자아냈습니다. 촬영 전 쿠팡에 인싸 모자라고 검색 후 저렴하게 구매한 맥주 모자에 음료수를 넣었는데 영상에서 음료수가 떨어지는 모습도 반응이 좋았습니다.

인플루언서가 되기 전이었으면 완벽주의 성격이 또 발동하여 스튜디오 예약을 하고 메이크업/헤어샵을 들러 꽃단장 후에 촬영하였을 것입니다. 일정이 촉박하면 이 모든 예약과정과 일정을 맞추기 어렵기에 포기하고 참가도 못 했을 것입니다.
틀에 짜인 완벽함보단 조금은 허술하지만, 인간미 있는 콘텐츠로 승부했고 그 결과 한국무역협회와 산업은행이 주관한 챌린지에 금상을 수상할 수 있었습니다. 생각지도 못한 기회를 놓치지 마시고 도전을 도전해보세요. 여러분의 숨겨진 재능을 다시 깨울 수도 있고 확장할 수도 있을 것입니다.

07 사람이 빛나는 인별그램에서 반짝이는 일상

#매일매일빛나고있어   #있는그대로의반짝임

여중 여고를 졸업한 저자는 학창시절 여학생이라면 누구나 그랬듯 프로필 사진이나 스티커사진을 많이 찍었습니다. 반 곱슬머리인데 사진에서 머리가 덥수룩하게 나오는 게 싫어서 촬영키로 하면 3시간 이상 소요되는 매직 스트레이트를 미용실에 가서 꼭 받았습니다. 촬영 후에는 덤으로 과한 보정까지 해달라고 했습니다. 밀가루 바른 듯한 하얀 얼굴 + 서클 렌즈를 착용해서 바둑알이 눈에 달린 것 같은 아이 메이크업 + 동그란 얼굴을 달걀형의 얼굴로 과도하게 깎아달라의 3종 세트를 말이죠. 최근 싸이월드를 다시 열어보니 정말 비슷한 얼굴의 표정과 포즈, 메이크업 사진들이 많았습니다. 정말 촌스럽고 어색하기 짝이 없습니다.

지금 인스타그램 촬영을 할 땐 육아를 하다가 즉흥적으로 촬영하기에 민얼굴일 때가 많습니다. 머리도 드라이를 못 해서 포니 테일로 질끈 묶거나 핀을 합니다. 옷도 편안한 옷을 주로 입고 잠옷을 입고 촬영합니다. 정돈되고 공을 들인 얼굴과 의상이 더 예쁘겠지만 저자의 학창시절처럼 촬영 때마다 공을 들이고 힘을 주면 편안히 촬영하기는 힘이 들 것입니다.

인스타그램의 순간을 포착해서 공유한다는 슬로건에 맞게 일상의 순간들을 즉흥적이고 생동감 있게 올리는 것이 관건입니다. 독자분들이 이 책을 읽고 있는 지금 순간도 충분히 빛나는 콘텐츠가 될 수 있습니다. 육아 중에 잠을 아끼고 책을 읽는 지금 순간, 인스타그램을 새로 시작해야겠다는 마음, 그리고 이 책을 끝까지 완독한 끈기 하나하나 모두 인스타그램 콘텐츠로 충분한 빛나는 이야기가 될 것입니다.

매일을 기록 하면서 빛나는 자신에게 반해보세요. 소중한 일상을 기록하면서 반복되고 뻔한 하루를 힙하게 업로드하고 인친들과 공유해보세요. 저자가 제일 좋아하는 영화 라라랜드에서 주인공인 미아(엠마 스톤)가 이렇게 말합니다.

"사람들은 다른 사람의 열정에 끌리게 되어있어. 자신이 잊은 걸 상기시켜주니까."

꿈을 꾸는 그대를 위하여, 비록 바보 같다 하여도 상처 입은 가슴을 위하여, 시행착오를 거쳐 단단해진 미래의 나를 위하여.

저자를 포함하여 성공을 꿈꾸는 독자분들이, 제가 그러했듯 인스타그램에서 열정적인 사람들을 많이 보셨으면 좋겠습니다. 그래서 하루하루를 살아오다 어느새 자신이 잊었던 걸 다시 상기시켜, 다른 사람에게 매력적으로 보이는 열정을 다시 찾기를 바랍니다.

유튜브를 너튜브, 페이스북을 얼굴책, 인스타그램을 인별그램이라고 부르는 것 한 번 쯤 들어보셨을 것입니다. 인별그램이라는 단어를 듣고 저자는 사람(人)과 별(star)가 떠올랐습니다. 누구에게나 찾아오는 평범한 순간들을 초롱초롱한 눈으로 포착해보세요. 누구나 스타가 될 수 있는 이 공간, 바로 인스타그램에서 말이죠

♥ 사람을 빛나게 해주는 앱!

이미 매일 빛나고 있는 모습을 올리면 생각지도 못한 기회의 장이 열리고 스타가 될 수 있는 앱!

열정적으로 매일 성공을 향해 꿈을 꾸면서 달리다 보면 좌절하고 상처받는 상황도 오겠지요. 하지만 흑역사 또한 나의 기록이고 이러한 시행착오를 거쳐야 단단해지고 영글어간다고 저자는 확신합니다. 이 책을 읽으시는 독자분들의 시행착오를 응원하고 이 책이 시행착오를 줄여줄 수 있었기를 소망하며 이 책을 마칩니다.

감사합니다.

♡ 이 책을 추천합니다

♥ 소개

커피 전공으로 대학을 졸업하고 카페 창업을 꿈꾸었지만, 현실에 부딪힌 뒤, 유일한 무기였던 인스타그램을 육성해 무스펙으로 광고대행사에 합격하고 브랜드 마케터의 길을 걷고 있다.

2022년 현재까지 수십 개 브랜드의 마케팅상담, 브랜드마케팅과 퍼스널브랜딩 컨설팅을 진행, SNS마케팅과 콘텐츠기획을 주력으로 한 다양한 활동을 하여왔다.

2021년 8월 더 많은 사람과 진짜 마케팅, 브랜딩에 관한 이야기와 인사이트를 나누고 성장하는 Branding Bridge와 딥브랜딩을 목표로 하는 Branding Scope 커뮤니티를 개설해 활동을 이어가며 웹퍼블리싱과 프론트 엔드로 영역을 확장해 마케팅 & IT 전문 컨설턴트라는 비전으로 많은 이들과 소통하고 있다.

♥ 이 책을 읽어야 할 사람들 / 추천사 (이유)

1) 릴스를 이제 막 시작한 사람
2) 릴스를 '제대로' 하고 싶은 사람
3) 릴스 콘텐츠에 관심 있는 사람
4) 릴스를 a부터 z까지 배우고 경험하고 싶은 사람
5) 문새봄 대표의 릴스 콘텐츠가 궁금한 사람
6) 릴스가 자신을 알리기에 가장 적합하다고 생각하는 사람
7) 릴스 사용법은 알지만 늘 무언가 부족하다고 느껴온 사람

♥ 추천사

밝은 기운과 에너지, 특유의 색채를 느낄 수 있는 문새봄 대표의 릴스 찐 노하우과 경험이 살아 숨쉬는 국내 최초 릴스 교과서.
릴스를 시작하는 이들은 물론, 릴스를 '제대로' 하고 싶은 모든 이들과 콘텐츠, 소재 고갈로 인한 번아웃을 겪고 있는 모든 이들에게 추천하고 싶다.

♥ 서평
- 콘셉트, 포인트, 일상의 소중함.

과하지 않은 콘셉트가 매력적이고, 순간순간의 작은 포인트를 놓치지 않고 무엇이든 콘텐츠로 승화하는 문새봄 대표 릴스 고유의 멋과 노하우가 모두 담겨있다.
평범한 일상의 소중함을 느끼고 싶을 때, 반복되는 지루한 아침 웃음 포인트가 간절할 때, 공감 콘텐츠 제작법이 궁금할 때, 끌리는 춤 영상의 비결을 알고 싶을 때 등
다양한 상황과 필요를 모두 만족하게 할 전무후무한 릴스 교과서.

CONTACT
010-7516-1637

PORTFOLIO
https://instabio.cc/cupplanner

INSTAGRAM
https://www.instagram.com/branding_cup_planner/

♡ 수강생 후기

♥ 새봄 컨설팅을 통해 얻은 변화

새봄 컨설팅을 통해 제2의 인생을 계획하고 있어요!
새봄 컨설팅을 시작하기 전에는 계정은 있었지만 죽어 있는 것과 다름이
없었던 계정이었어요. 직업인 댄스를 살려서 뭔가를 보여주고 싶었지만
재주도 없었고, 또 공개되는 것에 대한 두려움(?)이 있었던 것 같아요.
그러던 중 코로나 여파로 오프라인에서만 해왔던 일들이 전면 중지되
었고, 더 온라인으로 진출하지 않으면 안 되겠다는 생각에 이런저런
일들을 배우고 시도하던 중 문새봄 대표님을 알게 됐고 본격적으로 컨
설팅을 받게 되면서 계정을 키울 수 있었어요.
약 10여 년 동안 열심히 해왔던 일들이 하루아침에 물거품이 되는
걸 보면서 자신감과 자존감이 많이 떨어졌고 송두리째 흔들리며 방황
했던 시기에 문 대표님을 옆에서 보면서 엄청난 에너지를 얻었어요.
끊임없이 공부하고 배우면서 실행해나가는 모습을 보면서 '아! 나도 이
대로 있을 수는 없지!'라는 생각을 하게 되더라고요. 그 생각은 현재도

쭉 계속되고 있습니다.

새봄 컨설팅은 단순히 인스타 계정을 키우는 것보다도 더 가치 있는 교육들이 있어요. 새봄님 피드를 보면 아시겠지만, 옆에서 보고 있는 것만으로도 에너지를 받게 되어 강한 마인드들을 본받게 되더라고요. 또한, 강의내용 전반적으로 마케팅적인 요소들이 많이 녹아들어 있어서 사업적으로도 많은 도움이 되었어요. 협찬도 받게 되고, 인스타 사람들과 소통하는 법, 또 실제 계약으로도 이어지는 결과도 얻게 되었답니다. 아직 더 많이 배워야 하지만 사진 찍는 법, 피드에 글 쓰는 법, 댓글이 달릴 수밖에 없는 피드를 만들어 내는 것 등 원론적인 이야기만 하는 것이 아니라 정말 바로 적용해볼 수 있는 방법을 쉽게 떠먹여 주니 어렵지 않게 적용해볼 수 있었어요.

저의 장점인 댄스를 살려서 릴스 영상들을 올리기 시작했는데 인스타는 타 플랫폼들보다 굉장히 호의적인 내용의 댓글이 달려서 자신감이 붙더라고요. 얼마 전에는 산업은행과 한국무역협회에서 주관한 숏폼-댄스 챌린지에서 수상도 하게 되었어요. 상금도 받고 시상식에 참여해 즐거운 시간을 보내며 다시 한번 열정을 불태우는 계기가 되었습니다. 이런 숏폼이나 릴스 등 온라인에서의 나의 존재를 알리게 되면서 오프라인에서도 강의와 계약이 조금씩 늘어나고 있어요. 나를 소개할 때에도 이력서보다는 계정을 알면 구구절절 말하지 않아도 보여주고, 알려지고 싶은 나의 모습들을 알고 계시더라고요. 인스타 시장이 커짐에 따라서 장기적으로 수익화를 도모할 수 있고 온/오프라인의 경계가 점점 허물어지는 것을 몸소 체험하면서 미래를 더 기대하는 중입니다. 새봄 컨설팅을 받고 제2의 인생이 시작되었어요. 정말 문새봄 대표님에게 너무 감사해요!

♡ 수강생 후기

사람들에게 정말 관심사인 것들이 많은데 그중 하나가 인스타그램입니다. 수많은 인싸들 중에 어떻게 자기만의 색깔로 눈길을 끌 수 있는지가 성공의 비결이겠지요. 저 또한 평소 인스타그램에 관심이 많았습니다. 어떻게 인스타그램을 잘 활용해서 활성화해 볼까 하는 게 주요 관심사였습니다.

그러던 중 저보다 먼저 인스타그램에 전문적인 지금의 대표님을 만나게 되었습니다. 저한테 참 좋은 기회를 얻게 된 인연의 첫 시작이었습니다. 지금껏 제가 인스타그램으로 활동하면서 배우고 느끼고 경험한 바를 소개해드리려고 합니다.

처음에는 제가 사진찍기와 SNS에서 소통하는 것을 좋아해서 취미로 인스타에 조금씩 올려보고 있었습니다. 사진 찍는 기술도 평소에 익혀두었고 조금은 그래도 남들보다 감각이 있다고는 말은 듣곤 했습니다. 그래서 이러한 활동을 더 적극적이고 전문적으로 하고 싶었습니다. 그래서 본격적으로 대표님에게 배우기로 하고 대표님을 따라다니며 열심히 배웠습니다.

저의 부족하지만 제게 있는 감각과 대표님만의 탁월한 인스타 감성과 감각이 합쳐져서 제 인스타그램이 완성되어 많은 팔로우와 인정을 받게 되었습니다. 대표님의 감각과 감성이 없었으면 이루어질 수 없는 일이었죠

그 후, 저는 본격적으로 인스타그램을 시작했습니다. 다양한 업체에서 협찬이 들어오기 시작했습니다. 4성급 호텔 마케팅, 결혼식장 뷔페, 레스토랑 풀코스 이용, 베이커리 카페, 수상레저, 다양한 화장품 등 이렇게 많은 곳에서 활동할 수 있었습니다. 자연적으로 수익도 발생하기 시작했습니다. 처음에는 소소했지만 갈수록 많은 협찬을 받기 시작하면서 수익 또한 예상 밖으로 올라가서 기쁨은 두 배가 되었답니다. 취미 생활이 이렇게 수입으로 이어질 줄은 몰랐습니다. 그러면서 업체에서도 많은 대우를 받기 시작했습니다. 처음 느껴보는 예우여서 꿈만 같았습니다.

이렇게까지 제가 대우를 받을 수 있었던 것은 저 혼자만으로는 이룰 수 없었습니다. 전적으로 대표님의 가르침으로 이루어질 수 있었습니다.

저의 이러한 활동을 통해 가족들도 함께 참여하기도 했습니다. 가족들은 저로 인해 수익은 물론 참여할 기회가 생겨서 정말 기뻐했습니다. 어떤 일을 시작할 때 저처럼 이렇게 관심이 있거나 취미로 시작하실 분들은 꼭 한 번 배워보세요. 배움으로 더 큰 꿈으로 이루어질 수 있습니다.

또 한가지 요즘 도전하고 있는 것을 소개하고자 합니다. 그것은 바로 릴스입니다. 제가 평소 영상 콘텐츠기획 및 제작에 관심이 있어서 요즘 유행하는 릴스를 배우고 싶었습니다. 그런 와중에 대표님으로부터

릴스에 대한 모든 정보가 들어있는 책을 내신다는 말씀을 들었습니다. 저 또한 릴스 제작 기획 및 컨설팅을 받고 전문적으로 하고 싶었는데 그 말씀을 듣고 정말 좋았습니다.

 많은 커뮤니티가 있지만, 그중에서 릴스에 대한 상세한 정보들이 없는데 처음으로 릴스 1타 강사로 깃발을 꽂으신다고 합니다. 드디어 저분만 아니라 배우고자 하는 사람들에게 좋은 희소식이 아닐까요? 릴스에 관심이 있으신 많은 분에게 정말 좋은 가이드가 되어서 릴스 제작하는 모든 것에 큰 힘이 되어줄 것으로 생각합니다. 이런 기획을 시초로 계획 하신 것에 대해 존경심과 좋은 결과로 이어지기를 진심으로 응원을 보내드립니다.

 저와 같이 인스타에 관해서 관심이 있어서 조금 더 전문적으로 하실 분이나 릴스에 대해서도 꿈을 펼칠 수 있는 분들에게 적극적으로 추천하고 싶습니다. 저의 이러한 경험으로 인한 올린 글이 많은 분에게 도움이 되셨으면 합니다.

 여러분들도 도전의 꿈을 펼쳐보십시오. 소소한 취미가 큰 꿈으로 이루어짐을 맛볼 수 있으실 것입니다. 마지막으로 부족하나마 저의 이러한 경험을 들려줄 기회를 주셔서 대표님께 진심으로 감사드립니다.

♡ 수강생 후기

Q. 인스타에 주로 어떤 콘텐츠를 올리고 있나요?

A. 저의 삶의 큰 비중의 차지하는 육아 일상을 올리고 있어요. 저는 전업주부인데요. 살림을 잘 하는 것도 아니고 요리도 큰 흥미는 없어서 육아하면서 생긴 에피소드를 주로 올리고 있습니다.

Q. 강사님 강의의 매력은 뭔가요?

A. 일단 강사님은 수업의 장소가 특이했어요. 팝업 전시회 같은 카페, 미술관 같은 카페, 바닷가 등등에서 진행했어요. 그 이유는 생각의 전환을 하라는 거였어요. 새로운 장소에서는 생각지도 못한 아이디어들이 떠오른다고요.

그 공간에서 영감을 받고 내가 할 콘텐츠를 고민하고 어떤 방향으로 갈 건지 고민하라면서요. 콘텐츠도 기획이고 사업이라고 알려주셨어요. 그러면서 사진 찍는 방법과 매력적으로 보정하는 작업도 알려주시고 바로 실습하고 바로 피드백을 받습니다

Q. 컨설팅 후

일단 피드가 너무 이뻐졌어요. 뭔가 보기 좋게 잘 정리가 된 것 같은? 그래서 이건 뭐야 하면서 들어오는 거 같아요. 그러면서 댓글로 얘기하다가 서로 팔로우하고 찐 소통하는 거 같아요.
랜선친구가 찐 친이 되더라고요.

Q. 강의 중 제일 도움이 되었던 것을 한 가지 꼽자면?

강사님은요, 인스타도 인스타이지만 저의 마음을 먼저 컨설팅해줬어요. 현재 나의 상태 고민 등을 물어보시고 상담 후에 인스타 컨설팅했어요. 그러니 내가 나아갈 할 방향성도 찾고 내가 어떤 피드를 올려야 지치지 않고 롱런할 수 있는지 알 수 있었습니다.

♡ 추천사

@bada_pinky

   – 모델 인플루언서

 문새봄 대표를 보면 잠은 언제 자나 생각한다. 항상 뭔가 하고 있다! 그 열정과 폭발하는 에너지를 보는 나 자신도 갑자기 뭔가 해야 할 것 같은 느낌이 든다!
즐거운 에너지 뿜뿜 쏟아지는 그녀는 진정한 재간둥이!

@yes_kg38

   – 쇼호스터 쿠야 / 방송인

문새봄 대표님 계정을 보고 있으면
#감각 #감성 #센스 #아이디어 #편함 #포근한리더
인플루언서는 많다. 대표는 많다.
화려하고 대단한 피드도 많다.
하지만 사람 대 사람으로
다가가고 싶어지는 계정이다.
그게 바로 문새봄 대표를 보여준다.
다가가기 어렵고, 거리감 느껴지는 사람이 아니라, 친근함이 느껴지고,
말 걸고 싶고, 언니 같고,
예쁘게 감각적으로 정돈된 피드는 보기만 해도 기분 좋아지는
새봄 대표님을 대신 보여준다.
말 걸어보자.
새봄만의 색깔에 자연스럽게
물들어서 더 나은 곳으로
한 발 더 다가갈 수 있을 것이다.

@cha__leader
- 무용가 인플루언서

SNS 하냐고 물어보면 그런 거 잘 못 한다고만 했던 제가 문 새봄 대표님의 인스타그램 자존감 수업을 알고 인스타그램이 일상이 되었어요! 그뿐만 아니라 릴스 조회 수도 기대 이상으로 늘어났어요!

@red_kok_
- 가수 레드콕

그녀를 보면 생각나는 해시태그!!
[#밝은사람 #즐거운사람 #아이디어뱅크 #기획자 #멋진사람 #리더]가 생각난다
생각나는 해시태그만 봐도 너무나 대단한 사람~ 전화 한 통을 해도 우린 오디오가 빌 틈이 없이 기획과 마케팅에 관해 이야기를 한다. 그때마다 전화를 끊은 나는 항상 생각한다. 우리는 정말 성공할 가능성이 큰 사람들이구나.!!
이런 파트너가 있다면, 더할 나위 없는 '성공'이란 말에 가까워질 수 있을 것 같다

@dubom_ceo
- SNS스마트활용강사
커피 샷 추가를 파이브샷 따위로도 그녀를 막을 수 없는 열정에 나는 무릎을 '탁' 치고 거북목이 완치되었다 완치된 목으로 나는 그녀의 열정을 따라 해본다

@chaelee_jy
  - 사업가 채지연

 문새봄 대표님은 왜 봄일까요?
봄처럼 상큼하고 여름처럼 싱그럽고 가을처럼 포근하고 겨울처럼 지적
인 그녀는 포시즌!
살아있음을 느끼고픈 자!
새봄 대표님 피드의 사계절에 빠져보세요!!

경단녀에서 15K 인플루언서까지

성공을 꿈꾸는 당신을 위한
인스타그램 자존감 수업

문인경 지음

성공을 꿈꾸는 당신을 위한
인스타그램 자존감 수업

발 행 | 2022년 07월 13일
저 자 | 문인경
펴낸이 | 이동윤
펴낸곳 | 도서출판 윤들닷컴
출판사등록 | 2017.06.01.(제2017-000017호)
주 소 | 부산광역시 해운대구 선수촌로 146-4, 101동 1202호
전 화 | 010-9288-6592
이메일 | orangeki@naver.com

ISBN 979-11-970318-7-8

www.yoondle.com
ⓒ 윤들닷컴 2008